能源互联网背景下可再生能源发展研究

张 伟 樊自甫 陈 婕 著

科学出版社

北 京

内 容 简 介

本书以保障我国能源安全为主线，综合采用经济学仿真、计量实证、博弈模型等多种研究方法，详细介绍了我国可再生能源发展现状，构建能源CGE模型研究能源投资、碳税和发展可再生能源对我国经济和能源消费的影响，其中，能源投资保障我国能源的经济安全、二氧化碳减排（碳税和发展可再生能源）保障我国的环境安全。在此基础上，探究技术创新、碳排放与经济增长的关联性，构建数学模型研究可再生能源发展的影响因素，构建政府、企业、消费者三方参与主体的演化博弈模型，围绕政府对企业的补贴金、政府的惩罚力度、企业大力发展成本以及消费者使用可再生能源的效用等关键参数对系统的不同演化稳定状态进行分析。本书在能源经济领域具有鲜明的独创性，研究结论为我国进一步优化能源结构，推进节能减排工作，发展可再生能源提供了理论依据和现实指导。

本书可供从事和关心我国可再生能源发展领域研究的科研人员、管理人员及高等院校相关专业师生参考。

图书在版编目(CIP)数据

能源互联网背景下可再生能源发展研究/ 张伟，樊自甫，陈婕著. —北京：科学出版社，2023.9
ISBN 978-7-03-075986-3

Ⅰ.①能… Ⅱ.①张… ②樊… ③陈… Ⅲ.①再生资源-能源发展-研究-中国 Ⅳ.①F426.2

中国国家版本馆 CIP 数据核字（2023）第 127213 号

责任编辑：武雯雯 / 责任校对：彭 映
责任印制：罗 科 / 封面设计：义和文创

科学出版社 出版

北京东黄城根北街16号
邮政编码：100717
http://www.sciencep.com

成都锦瑞印刷有限责任公司印刷
科学出版社发行 各地新华书店经销

*

2023 年 9 月第 一 版 开本：787×1092 1/16
2023 年 9 月第一次印刷 印张：6 3/4
字数：158 000

定价：78.00 元
（如有印装质量问题，我社负责调换）

前　言

气候变化带来的全球变暖、极端气候等问题，受到世界各国政府和学者的广泛重视。由人类活动尤其是化石燃料燃烧引起的温室气体排放是造成气候变化的主要原因，从《联合国气候变化框架公约》和《联合国气候变化框架公约京都议定书》的签署到哥本哈根、巴黎气候大会等多次气候大会谈判，在保证发展的前提下减少以二氧化碳为主的温室气体排放，积极应对气候变化成为各国共识。由最初的强制性减排模式转变为自主减排模式，践行逐渐建立完善碳排放交易市场、清洁发展机制、可再生能源配额制等多元政策措施，各国秉承"共同但有区别的责任"原则进行减排，以期实现1.5℃升温控制目标、温室气体达峰目标以及人均二氧化碳净零排放目标。2020年9月，我国提出二氧化碳排放力争在2030年前达到峰值，努力争取2060年前实现碳中和的目标。

实现碳达峰、碳中和是党中央统筹国内、国际两个大局做出的重大战略决策，能源绿色低碳发展是关键。从全球经济和能源发展趋势看，世界能源结构正在加速调整，清洁能源消费比重显著提升，清洁低碳能源发展成为大势，终端能源消费中电力的地位更加突出。低碳、绿色的清洁能源逐步替代高碳、高污染的非清洁能源，是全球各国合理应对气候变化、有效保护生态环境和保障能源供应安全的必然选择。同时以智能化为特征的能源生产消费新模式不断涌现，能源有望成为引领产业变革和经济转型升级的突破领域之一，清洁智慧能源新业态已初现雏形。

从国内经济和能源结构调整发展趋势看，我国经济发展进入新常态。能源发展从总量扩张向提质增效转变，呈现能源消费增速放缓、结构加速优化、增长动力转换等新特征，油气替代煤炭、非化石能源替代化石能源的双重替代步伐加快。继能源领域提出"四个革命、一个合作"后，"双循环"发展理念的提出进一步强化能源安全观。能源行业在做好生产、确保能源保障的同时，也要保持合理效益，实现可持续发展，进一步深化体制机制改革。目前我国的能源结构仍然以碳基能源为主，长期低碳发展的首要任务是节约和提高能效，降低能源消费总量。发展可再生能源将是实现碳中和的重要手段。

能源安全包括经济安全和环境安全两个方面，其中经济安全是指要保障能源稳定、持续地为我国经济发展提供动力；环境安全是指要保障在能源的使用过程中，不能或者尽可能少地对自然环境造成危害。因此，本书主要研究能源投资、碳税和发展可再生能源对我国经济和能源消费的影响，其中，能源投资保障我国能源的经济安全、二氧化碳减排（碳税和发展可再生能源）保障我国的环境安全。在此基础上，本书探究技术创新、碳排放与经济增长的关联性，分析可再生能源产业发展的影响因素，对保障我国能源安全有着重要的借鉴意义。

本书是在教育部人文社会科学研究青年基金项目（18YJC790224）、重庆市教委科学技术研究项目（KJQN202100636）、2023年重庆市教育委员会人文社会科学研究基地项目（23SKJD064）、国家社会科学基金重大项目（19ZDA082）资助下完成的，在此表示衷心感谢。

目　　录

第1章 导　　论

1.1　研　究　背　景

能源是社会发展的重要物质基础和影响自然环境的重要因素。作为拥有世界第二大能源体系的大国，我国的能源储量处于世界前列，但是我国的能源消耗量也居于世界前列。因此，我国的能源形势依旧严峻，人均资源占比较少、资源消耗量大、能源供应不平衡、环境污染大以及能源结构不够稳定等问题的出现，导致我国迫切需要更加清洁、高效且能循环利用的能源。

实现碳达峰、碳中和是党中央统筹国内国际两个大局做出的重大战略决策，能源绿色低碳发展是关键。"十四五"以来，能源行业深入贯彻落实习近平总书记关于碳达峰、碳中和的重要讲话和指示批示精神，认真贯彻党中央、国务院有关决策部署，稳妥有序地推进能源绿色低碳转型，能源领域落实碳达峰工作取得良好开局。能源消费结构持续优化。2021 年，我国以 5.2%的能源消费总量增速支撑 8.1%的国内生产总值(gross domestic product，GDP)增速；清洁能源占能源消费总量的比重达到 25.5%，较 2020 年提高 1.2 个百分点，煤炭消费比重降至 56.0%，较 2020 年下降 0.9 个百分点。非化石能源发展势头强劲。2021 年，我国非化石能源发电装机容量首次超过煤电，达到 11.2 亿 kW，水电、风电、光伏装机容量均超过 3 亿 kW。

碳达峰、碳中和目标将会触发全球的能源系统革命，促进经济全面绿色低碳转型。碳减排是实现碳达峰、碳中和目标的基础路径，而碳封存、碳捕捉和森林碳汇等起辅助性作用。从经济结构和能源结构角度看，碳减排的途径理论上主要有三条：一是调整经济结构，控制钢铁、水泥和玻璃等高能耗、高排放行业的发展规模，降低能源消耗强度大的制造业，特别是重工业的比重，提高能源消耗强度较小的服务业和轻工业的比重；二是调整能源结构，降低碳含量高的煤炭、石油等化石能源的消费比重，提高零碳的可再生能源以及低碳的天然气等清洁能源的消费比重，加快工业、建筑、交通等领域的电气化；三是通过科技手段，全面推进电力、工业、建筑、交通等重点领域节能，提高能源使用效率，减少能源生产、运输和消费环节的浪费，降低单位 GDP 能耗。

在能源转型背景下，可再生能源备受关注和重视。2014 年 6 月，习近平总书记提出"四个革命、一个合作"战略思想，可再生能源已经成为能源转型的核心。可再生能源是指风能、太阳能、水能、生物质能等非化石能源，是清洁能源。可再生能源是绿色低碳能源，是中国多轮驱动能源供应体系的重要组成部分，对于改善能源结构、保护生态环境、应对气候变化、实现经济社会可持续发展具有重要意义。

在这一大环境下，我国可再生能源发电装机容量飞速增长。据资料显示，2021 年我国可再生能源发电装机容量突破 10 亿 kW，达 10.63 亿 kW，同比增长 13.8%，占总发电装机容量的 44.8%。从可再生能源发电装机容量细分结构情况看，2021 年我国水力发电装机容量为 3.91 亿 kW，占总装机容量的 36.78%；风力发电装机容量为 3.28 亿 kW，占总装机容量的 30.86%；太阳能发电装机容量为 3.06 亿 kW，占总装机容量的 28.79%；生物质能发电装机容量为 3798 万 kW，占总装机容量的 3.57%。

随着我国可再生能源装机容量的不断增加，我国可再生能源发电量也不断上升。据资料显示，2021 年我国可再生能源发电量达 24853 亿 kW·h，同比增长 11.7%，占总发电量的 29.7%。从可再生能源发电量细分结构情况看，2021 年我国水力发电量为 13401 亿 kW·h，同比下降 1.1%，占总发电量的 54%；风力发电量为 6556 亿 kW·h，同比增长 40.5%，占总发电量的 26.4%；太阳能发电量为 3259 亿 kW·h，同比增长 24.8%，占总发电量的 13.1%；生物质能发电量为 1637 亿 kW·h，同比增长 23.5%，占总发电量的 6.6%。

(1) 水力发电。水力发电效率高，发电成本低，机组启动快，调节容易，国家要求大力发展新能源、因地制宜开发水电。据资料显示，2021 年我国水力发电装机容量为 3.91 亿 kW，同比增长 5.7%；发电量为 13401 亿 kW·h，同比下降 1.1%。

(2) 风力发电。近年来，我国风力发电累计装机容量持续增长。2010 年底我国风力发电累计装机容量达到 4182.7 万 kW，跃居世界第一，此后，风力发电装机容量一路领跑。据资料显示，2021 年我国风力发电装机容量为 3.28 亿 kW，同比增长 16.7%；发电量为 6556 亿 kW·h，同比增长 40.5%。

(3) 太阳能发电。随着太阳能发电技术逐渐成熟、成本逐步降低、上网电价初步明确以及国家改善能源结构的需要日益增加，太阳能发电得以迅速发展。据资料显示，2021 年我国太阳能发电装机容量为 3.06 亿 kW，同比增长 20.9%；发电量为 3259 亿 kW·h，同比增长 24.8%。

(4) 生物质能发电。近年来，随着我国废弃物利用技术的提升，生物质能发电迎来行业快速增长期。据资料显示，2021 年我国生物质能发电装机容量为 3798 万 kW，同比增长 28.7%；发电量为 1637 亿 kW·h，同比增长 23.5%。

能源安全包括经济安全和环境安全两个方面，其中经济安全是指保障能源稳定，持续地为我国经济发展提供动力；环境安全是指保障在能源的使用过程中，不能或者尽可能少地对自然环境造成危害。因此，本书主要研究能源投资、碳税和发展可再生能源对我国经济和能源消费的影响，其中，能源投资是保障我国能源的经济安全、二氧化碳减排(碳税和发展可再生能源)是保障我国的环境安全。除此之外，本书探究技术创新、碳排放与经济增长的关联性，分析可再生能源产业发展的影响因素，对保障我国能源安全有着重要的借鉴意义。

1.2　主要概念

1.2.1　贝叶斯模型平均

贝叶斯模型平均(Bayesian model averaging，BMA)是指以后验概率作为权重对所选择的单项预测模型进行加权平均，其中模型的后验概率是指单一预测模型对实际过程的拟合度。1976 年，Harrison(哈里松)和 Stevens(史蒂文斯)首次提出贝叶斯模型平均组合预测方法，此后贝叶斯模型平均组合预测被广泛用于各个领域，如水文预测、天气预测和汇率预测等。运用该方法的关键在于估计模型的后验概率，目前估计后验概率的主要方法有贝叶斯信息准则(Bayesian information criterion，BIC)、赤池信息量准则(Akaike information criterion，AIC)、期望最大化(expectation maximization，EM)方法和马尔可夫链蒙特卡洛模拟(Markov chain Monte Carlo，MCMC)。

1.2.2　能源投资

能源投资是指为达到预期的收益和目的，投资主体把资产作为资本形成相应能源资产的经济社会活动。我国的能源投资主要涉及煤炭采选业，石油和天然气开采业，电力、蒸汽、热水生产和供应业，石油加工及炼焦业，煤气生产和供应业等领域。能源投资在我国经济中是支柱型产业，会对我国经济的各个方面造成直接和间接的影响。其中，直接影响是指为社会和投资者带来收益，社会收益主要包括增加就业、减少能源消耗和降低污染；投资者收益包括利润和利息。间接影响是指对能源工业投资，会带动国民经济其他部门的发展，从而拉动整个经济的发展。我国能源投资具有两个方面的特点：一是能源投资的种类多，时滞性较长，需要在未来几年后才能发挥其作用；二是能源投资的建设周期长，资本密集度高。

1.2.3　碳税

芬兰自 1990 年开始征收碳税，是世界上第一个征收碳税的国家。碳税是针对二氧化碳排放征收的税。征收碳税的目的是通过减少二氧化碳排放来减缓全球气候变暖，从而保护环境。征收碳税的依据是化石能源(煤炭、石油和天然气)的含碳量。碳税与能源税、环境税既有联系又有区别，能源税是针对各种能源征收所有税的统称，环境税是指为了保护人类赖以生存的环境，对污染环境的各种活动征收所有税的统称。由此可知，环境税的范围包括能源税和碳税。我国的能源消费以煤炭为主，排入大气的二氧化碳中有 85%来自煤炭的燃烧。目前，我国仍然是发展中国家，随着经济总量的不断增加，将会增加对能源的消费，二氧化碳排放量也会增长。我国应该制定相应碳税政策减缓全球气候变暖，并使经济可持续发展。我国将加快构建清洁低碳、安全高效的能源体系，严控煤电项目，以实现"十四五"时期严控煤炭消费增长，"十五五"时期煤炭消费逐步减少。加快推进煤电机组节能降碳改造，大力提高电网对太阳能发电和风力发电的接纳、配置和调控能力，优化太阳能发电、风力发电基地外送通道调度运行，持续提高可再生能源发电消纳比例，推进重大水电工程建设。同时，我国将推进城乡建设和交通领域绿色低碳发展，加强绿色低碳技术创新，巩固提升生态系统碳汇能力。

2021 年 7 月，国家能源局新能源和可再生能源司副司长王大鹏指出，目前正在研究编制"十四五"现代能源体系规划和分领域能源规划，把发展新能源和可再生能源、推动能源低碳转型放在突出位置，实现可再生能源大规模、高比例、市场化和高质量发展。"预计到 2025 年，我国可再生能源发电装机占总发电装机的 50%左右，可再生能源年发电量将占全社会用电量增量的 50%以上，我国能源结构将持续向清洁、低碳、高效转型。"

1.2.4 可再生能源

随着经济和科技的进步，不同国家和不同机构对可再生能源的定义不同。可再生能源的概念第一次被提出是 1981 年 8 月在联合国召开的新能源和可再生能源会议上。在这次会议上提出可再生能源是指不同于常规的化石能源，是可更新的，是可持续利用、用之不竭的，当消耗后可得到恢复和补充，对环境没有污染或者很少产生污染的能源。国际能源署(International Energy Agency，IEA)将可再生能源定义为来自大自然的，取之不尽、用之不竭的能源，如太阳能、风能、地热能和生物能等。我国 2005 年颁布的《中华人民共和国可再生能源法》将可再生能源界定为太阳能、风能、水能、生物质能、地热能和海洋能等清洁能源。2009 年 12 月我国对 2005 年的《中华人民共和国可再生能源法》进行了修订，除核电外，其他非化石能源都属于可再生能源。

1.2.5 智慧能源

目前，学术界对智慧能源的概念及内涵没有形成一致的认识。本书从单一部门思维转向相互耦合的能源系统出发，同时考虑智慧能源的技术与商业特征，对智慧能源的概念进行界定。本书将智慧能源的概念界定为，建立在传统化石能源及可再生能源的基础之上，将先进信息和通信技术、智能控制技术、优化技术与现代能源供应、储运、消费技术深度融合的一种智能技术。其具有数字化、自动化、信息化、互动化、智能化、精确计量、广泛交互、自律控制等功能，可以实现能源的优化决策及广域协调。由此可见智慧能源的发展动力是智能化技术，包括先进的信息和通信技术、智能控制以及优化技术等。智慧能源是智慧的能源技术、应用和服务等的集合，是一种商业模式的创新。智慧能源不仅融入能源开发利用技术的创新过程中，还表现在能源生产和消费制度变革等方面。

第2章　主要理论与文献研究

2.1　理 论 基 础

2.1.1　环境经济理论

20 世纪 60 年代以来,发达国家出现的一系列环境公害事件促使经济学家越来越关注环境问题与经济增长的关系,推动了环境经济研究的发展。Meadows(1972)提出“增长的极限”(limits to growth),他认为经济增长对资源和环境的破坏一旦超过资源环境的承载能力,将导致生态系统崩溃,人类经济社会发展也将失去意义。Stiglitz(1974)在模型中加入人口增长的因素,基于技术进步率和资源边际产量不变的假设,研究认为稀缺的自然资源在面临足够快的技术进步时,将不会制约经济增长。Lopez(1994)将环境作为一种投入资本引入增长模型中,认为最优的污染税和环境管制标准仅是最优环境质量的必要非充分条件。环境经济理论的发展以 Grossman 和 Krueger(1991,1995)的研究最受关注,Grossman 和 Krueger(1991)研究环境因素对北美自由贸易协定的影响,发现二氧化硫等污染物浓度在人均收入水平较低的国家呈增长趋势,相反,在人均收入水平较高的国家,污染物浓度降低。Grossman 和 Krueger(1995)再次估计了人均收入和各种环境指标之间的关系,他们认为没有证据表明经济增长过程中环境质量一直恶化,在经济增长过程中,环境质量是先恶化后改善的发展趋势。对于不同污染物而言,转折点是不同的,通常来讲转折点是在一国人均收入达到 8000 美元时。Grossman(格罗斯曼)和 Krueger(克鲁格)的研究被 Panayotou(1993)拓展成为环境经济理论中著名的环境库兹涅茨曲线(environmental Kuznets curve,EKC)。

环境库兹涅茨曲线被提出后,学术界对其环境质量演变机理进行了大量研究。Thampapillai 等(2003)研究认为经济发展的初期阶段自然资源相对廉价,企业生产采用较多的自然资源,产生了较多的污染,当经济发展阶段较高时,自然资源变得稀缺,价格上涨,企业开始寻求自然资源的替代品,污染排放就会降低。Kahn 和 Franceschi(2006)研究认为收入与碳排放之间的倒 U 形关系和人们对环境质量的需求相关,他用交通工具燃料效率的改进进行解释,同时,他认为教育水平、就业状态、人口密度等都是收入的影响因素,这些因素也进一步影响着污染排放。Pasche(2002)从技术进步的角度阐述了环境库兹涅茨曲线,他认为随着收入水平的提高,持续的技术进步将用来折算增长的污染效应,长期来看,经济增长的可持续性将会被破坏,但产品和服务的技术革命使得经济增长的可持续性增加,这也是环境库兹涅茨曲线长远存在的必要前提条件。有学者从国际贸易的角度解释了环境库兹涅茨曲线,发达国家会通过转移污染型产业使得自身处于环境库兹涅茨曲线的下降阶段,发展中国家由于接收发达国家污染型产业的转移使得自身处于环境库兹涅茨曲线的上升阶段,这也和“污染天堂假说”具有相似性(Lopez,1994;Copeland and Taylor,

2004)[①]。也有部分学者从政府行为的角度间接或直接佐证了环境库兹涅茨曲线,这些学者以森林砍伐为例,探讨了政府政策导向对环境保护的意义(Deacon,1994;Grainger,1995)。二氧化碳排放也属于环境污染的范畴,因此环境库兹涅茨曲线同样适用于碳排放与经济增长的关系研究。Stern(2007)研究证实了部分国家二氧化碳排放和人均 GDP 存在倒 U 形关系,但对于气候变化的问题,环境库兹涅茨曲线的适用性有待进一步验证。

2.1.2　内生增长理论

内生增长理论的核心是经济增长不依靠外力而实现持续增长,经济增长的决定因素是技术进步,代表性的研究包括 Romer(1986)的知识溢出模型和 Lucas(1988)的人力资本模型。Romer(1986)在 Arrow(1962)"干中学"模型的基础上,把技术进步进行内生化处理,构建了 Arrow-Romer 模型。Romer(1986)认为技术或者知识是厂商生产的副产品,知识是可以溢出的,一个厂商实现经济增长的同时也会带动其他厂商的增长,从而实现持续的经济增长。知识的溢出也就意味着生产具有外部性,政府需要对知识的生产进行补贴以解决外部性问题,实现社会最优增长率。Lucas(1988)在 Uzawa(1965)模型的基础上,构建了 Uzawa-Lucas 模型,以说明人力资本外部性对经济增长的重要性。Lucas(1988)研究认为人力资本积累是经济增长的重要源泉,他认为一方面人力资本积累具有外部性,另一方面人力资本积累和人力资本存量成正比,随着人力资本积累的增加,经济部门的产出增大,经济增长就具有可持续性。

基于内生增长理论,不同的学者基于对内生不同的理解,结合诸如环境污染、城市化等因素,进一步扩展了内生增长理论。Bovenberg 和 Smulders (1996)在 Romer(1986)内生增长模型的基础上,考虑了环境政策对经济增长的影响,把可再生资源等环境作为公共消费品纳入生产模型,研究发现明显的短期和长期对比效应,产出增长率在短期内会下降,但是长期来看会上升。Stokey(1998)在 AK 模型的基础上,把污染引入生产函数来研究经济增长的可持续问题,他同样发现人均收入和环境质量的倒 U 形变化关系,认为可持续的经济增长取决于日益严格的环境管制和稳速增长的资本回报是否兼容。Gradus 和 Smulders(1993)在 Lucas(1988)模型的基础上,在模型效用函数和约束条件中引入环境污染的变量,当物质资本收益是常数时,减排行为将会对投资产生挤出效应,内生增长率也会降低。在人力资本积累增长、物质资本密度降低时,内生最优增长率会不会受到持续增加的环境管制标准的影响,这取决于污染是否影响到代理人的学习能力。Black 和 Henderson(1999)发现在一个内生增长的经济和外生增长的人口系统中,城市化和经济增长相互影响,局域性的信息溢出促进了人口集聚,人力资本积累促进了内生经济增长,单个城市的规模和城市数量与人力资本积累和知识溢出相关。

2.1.3　公共物品理论

公共物品是相对私人物品而言的,区分公共物品和私人物品的关键是看其是否具有排他性和竞争性。排他性是指当某个人在消费某物品时,可以排除他人也消费该物品。竞争

---

① "污染天堂假说"指的是污染型企业倾向于在环境管制标准低的国家进行生产,这些国家通常为发展中国家,从而也成了污染的天堂。

性是指某个人对某物品的消费会影响别人消费该物品取得的效用。公共物品具有非排他性和非竞争性。公共物品的这两大特点决定了其不能由市场来提供，只能通过政府来提供。清新的空气作为一种公共物品，只能通过政府来提供。征收碳税的目的就是减少二氧化碳的排放和提供清新的空气。

2.1.4　外部性理论

外部性也可称为外部成本和溢出效应或外部效应。萨缪尔森和诺德豪斯认为外部性是指生产或消费对其他团体强征了不可补偿的成本或给予了无须补偿的收益的情形；兰德尔则认为外部性是指当一个行动的某些效益或成本不在决策者的考虑范围内时所产生的一些低效率现象。经济学家对外部性有不同的理解和定义，但是在本质上是一致的，都是指一个经济主体对另一个经济主体的非市场影响，不能由价格来调控。外部性分为正外部性和负外部性，其中正外部性是指一个经济主体使另一个经济主体获得收益，但是不能收取报酬；负外部性是指一个经济主体使另一个经济主体遭受损失，但是不用付出代价补偿对方。二氧化碳排放引起的全球气候变暖，在本质上就是一个负外部性问题。

2.1.5　双重红利理论

碳税的红利包括"绿色红利"和"蓝色红利"两个方面。"绿色红利"是指通过征收碳税，降低能源消费，从而使二氧化碳排放减少，减缓全球气候变暖。"蓝色红利"是指征收碳税会引起能源价格上涨，从而造成大部分产品的生产成本增加，对企业的生产成本和居民的福利造成负面影响。因此，政府将通过征收碳税获得的税收收入补偿给企业和居民，有利于保障国民经济增长和得到民众与企业的支持。

2.2　CGE 模 型

均衡是指经济运行的一种特殊状态，随着时间的推移，经济以此为中心波动不已，受到干扰之后，经济将偏离这一状态，与此同时，在某种力量的推动下，经济又朝此中心做往返运动。1874 年，法国经济学家瓦尔拉斯在《纯粹经济学要义》中首次提出一般均衡理论。1960 年，Johansen 构建了世界上第一个可计算一般均衡(computable general equilibrium，CGE)模型。CGE 模型的实质就是用一组方程来描述市场供给、需求和市场均衡的关系。在此之后，CGE 模型在很长一段时间内没有取得显著性的进步，可能的原因是经济计量学最基本的思想"让数据说话"对于应用经济学家来说更具有吸引力。但到20 世纪 70 年代，CGE 模型取得了明显的进展。这里主要有两个原因，一是受到能源价格提高、欧美国家工资水平增长和国际货币体系变化等的冲击，世界经济出现了严重的衰退。经济计量不能模拟评估这些不在经济趋势以内的冲击，但是 CGE 模型能解决这一问题，在 CGE 模型中，石油价格被当作生产函数中的投入变量，在成本最小化的条件下，CGE 模型模拟油价上涨对经济和产出的影响。二是随着计算机程序(如 GEMPACK、GAMS、

HERCULES)和数据库的改进，CGE 模型的可操作性增强。

从 20 世纪 80 年代开始，全球气候变暖、大气污染和水土流失等环境问题日益严重，全世界都开始寻求一种能保持经济增长，同时减少二氧化碳排放的政策。能源环境 CGE 模型就在这种背景下应运而生。早期的能源环境 CGE 模型主要是将环境因素内生化到生产函数中，从而模拟各种环境政策对经济、能源和环境的影响(Forsund and Strom，1988；Dufournaud et al.，1988；Bergman，1988；Hazilla and Kopp，1990；Jorgenson and Wilcoxen，1990)。近年来，能源环境 CGE 模型主要用于分析各种政策的效应，与早期能源环境 CGE 模型的区别在于将能源环境问题嵌入 CGE 模型中的方式不同。

能源环境 CGE 模型的研究领域主要包括温室气体减排、能源使用方式和环境税的影响三个方面。①不改变原 CGE 模型的结构，只增加一个能源模块，采用固定的排放系数将污染和能源使用与各部门的中间投入和产出相联系(Boyd and Uri，1991；Glomsrod et al.，1992；Stephan et al.，1992；Lewis，1993；Robinson et al.，1994； Beghin et al.，1997；Copeland and Taylor，1994；Nestor and Pasurka，1995a)。②把环境的影响引入经济系统中。例如，Robinson(1990)和 Bergman(1991)在居民的效用函数中加入了污染排放这一因素；Jorgenson 和 Wilcoxen(1994)在生产函数中引入成本控制约束(其中包括污染成本)。③把污染削减技术或者行为加入生产函数中。例如，Dufournaud 等(1988)首次将污染排放和治理行为引入 CGE 模型中；Robinson(1991)在柯布-道格拉斯生产函数中增加了消除污染行为；Nestor 和 Pasurka(1995a)在投入产出分析中引入了环境污染税。

能源环境 CGE 模型的最关键问题是如何将能源环境问题嵌入 CGE 模型中。根据污染活动和经济体之间的联系程度可以将其分为三类(Xie，1996；黄英娜和王学军，2002)。①应用性扩展是指在原标准 CGE 模型的基础上进行扩展，不改变模型的结构和核心参数，从环境的角度来分析，并且可以得到环境污染的结果(Blitzer et al.，1993；Lee and Roland-Holst，1993；Beghin et al.，1994)。②在 CGE 模型中嵌入环境对经济影响的反馈机制。一是在生产方程或者效应方程中增加环境因素。Jorgenson 和 Wilcoxen(1994)把污染控制成本加入生产方程中，从而模拟污染削减对生产的影响。Piggott 等(1992)把环境效益加入效应函数中，Ballard 和 Medema(1993)、Robinson 和 Karen(1999)也做了类似的工作。二是在生产方程中刻画减污活动或者减污技术。Rob 等(2004)在动态 CGE 模型中，采用排放-减污替代曲线来刻画减污活动。③对污染削减部门进行界定。Nestor 和 Pasurka(1995b)把污染削减部门仅仅当作政府部门的一个部分。Xie 和 Saltzman(2000)也对污染削减部门进行了界定，与其他部门相比，最大的区别是该部门的产出是污染物的减少。但是 Rob 等(2004)则把污染削减部门划分为独立的生产部门。

目前，在研究经济和环境的相关问题上，国内外学者运用能源环境 CGE 模型已经取得一些成果。李善同等(2000)构建了一个能源环境 CGE 模型研究征收碳税对我国经济、社会福利和环境的影响。此后，国内学者姜林(2006)、郑玉歆和樊明太(1999)、贺菊煌等(2002)、赖明勇等(2008)、武亚军和宣晓伟(2002)、何建武和李善同(2009)、刘小敏和付加锋(2011)也用能源 CGE 模型做了相关的研究。魏巍贤(2009)把反馈机制加入能源环境 CGE 模型中研究征收资源税对经济、二氧化碳排放和居民收入的影响。鲍勤等(2011)用动态的能源环境 CGE 模型研究了美国的碳关税对我国经济和环境的影响。国外学者在能源环境 CGE 模型上也取得很多重要成就。Schumacher 和 Ronald(2007)用能源环境 CGE 模型研究了能源和气候政策。Németh 等(2011)估计了能源-经济-环境 CGE 模型的阿明顿(Armington)弹性。AlShehabi(2013)构建了一个动态的 CGE 模型研究燃料、原油和劳动力市场的相互关系。Mahmood 和 Marpaung(2014)构建能源环境 CGE 模型研究了征收碳税对巴基斯坦经济、环境和能源效率的影响。研究结果表明，征收碳税会对 GDP 有负面的影响，但是对污染物减少的影响高于对 GDP 的负面影响。并且随着能源效率的提高，对 GDP 将会有正面的影响。在我国能源环境 CGE 模型仍然处于初级发展阶段，现有的大多数能源环境 CGE 模型是比较静态的研究，并且对能源、经济和环境之间作用的界定还不够完全。大多数能源环境 CGE 模型是为发达国家构造以解决能源环境问题，发展中国家特别是我国的能源环境 CGE 模型较少。

2.3　能　源　投　资

　　Ayrest(1998)采用生命周期的方法评价了能源投资的环境效益问题。Brown 和 Ulgiati(2002)运用能源投入回报值(energy return on investment，EROI)评价方法研究了不同燃料的投资收益。吴庆广(2008)通过对我国风力发电的投资现状进行分析，认为我国不应该一味地依靠来自金融机构的贷款，应拓宽融资渠道，加大对风电企业的投资，使风电企业能实现最大化的收益。Lu 等(2010)用一般可计算模型分析了我国陕西省能源投资对经济增长和二氧化碳排放的影响。结果表明当能源投资增加 60%时，GDP 增加 8.92%，家庭可支配收入增加 8.94%，二氧化碳排放增加 11.10%。朱磊(2011)在 EIRP(effective isotropic radiated power，有效全向辐射功率)方法框架下，研究和评估了海外石油资源，国内石油资源，国内发电组合，化石能源的投资、规模效率和组合。杨毅(2014)从影响机制、效率评估和耦合协调机制三个方面研究了能源工业投资和温室气体的关系。Wustenhagen 和 Menichetti(2012)分析了可再生能源投资的战略选择，并详细分析了战略选择与能源政策的相互关系。Tan(2013)从投资规模、动机、挑战等方面分析了我国的海外能源投资，从而为我国海外投资公司在全球市场的发展提供政策建议。Zhang 等(2013)分析了经济增长、能源消费、能源投资和温室气体排放之间的关系。Hieronymi 和 Schüller(2015)基于不同的碳排放情况，分析了能源投资的影响。此外，满向昱等(2013)通过借鉴已有的能源研究成果，构建了我国的能源统计指标体系。

　　Karl(2006)和 Paul (2004)比较分析了可再生能源电力投资的政策和法规，并对两种案例政策(失败政策和成功政策)进行了例证分析。马晓微和魏一鸣(2009)从我国能源的融资渠道、融资机制和体制、投资规模的角度进行分析，认为我国能源融资是机遇与挑战并存。其中机遇是指随着经济的快速发展，我国将会加大对能源的投资；挑战主要是指法律法规不健全、能源市场化程度不高和投资结构不合理等。李友等(2013)对我国能源企业海外投资的现状和特征进行分析，认为我国应充分利用自由贸易协定来完善海外能源投资的法律和法规。谢思苑(2014)分析了在海外能源投资中国际法律和条约的适用性，并且比较分析了相关国际法律和条约的关系。

　　由以上可知，国内外学者主要从能源投资效率和能源投资的法律两个方面对能源投资进行了研究，针对能源投资的经济影响和环境影响的研究较少，特别是对我国能源投资的研究较少。因此，本书运用 CGE 模型研究能源投资对宏观经济、能源消费和二氧化碳排放的影响，力求使之成为我国制定能源政策的有效工具。

2.4　碳　　税

针对碳税研究，国内外学者根据其对经济发展、收入分配、社会福利、二氧化碳减排和能源利用五个方面的影响进行了研究。

2.4.1　碳税对经济发展的影响

征收碳税将会在一定程度上影响能源的价格、供应与需求，从而对经济增长等方面造成影响。Pearson 和 Smith(1991)研究发现征收碳税对爱尔兰经济的影响最为显著，然后是英国，但是对德国、西班牙、意大利、法国和新西兰经济的影响并不明显。Wier 等(2005)研究认为碳税对经济有不利影响，对偏远地区的家庭住户影响更为严重。同样Hamilton(1994)、Hamilton 和 Cameron(1994)、Elkins 和 Bake(2001)、Scrimgeour 等(2005)、姚昕和刘希颖(2010)、DiCosmo 和 Hyland(2013)、Liu 和 Lu(2015)等也得出类似的结论。然而，也有一些研究得出相反的结论。Symons 等(2000)研究发现在西班牙征收碳税并未对经济产生负效应。Oladosu 和 Rose(2007)Conefrey 等(2013)还发现征收碳税对经济有积极作用。

2.4.2　碳税对收入分配的影响

征收碳税最终会提高企业的工资成本，企业会减少劳动力的需求或降低工资。因此，有研究认为，在降低全国经济发展速度的同时，征收碳税会加大劳动者和资本所有者的收入差距。Speck(1999)研究发现碳税具有轻微的累退性，并讨论了减缓和补偿措施的影响。Baranzini 等(2000)发现征收碳税对行业的竞争力影响不明显，并且相对于预期，碳税的累退性较小。Zhang 和 Baranzini(2004)发现碳税对分配效应和竞争力减少并不显著，并且明显比通常认为的水平低。Callan 等(2009)研究发现在爱尔兰当碳税的价格为 20 美元/t时，低收入家庭付出的成本是每周小于 3 美元，高收入家庭付出的成本是每周大于 4 美元。曹静(2009)用 CGE 模型研究征收碳税对居民和收入分配的影响，影响最大的是最低收入水平的居民；碳税对农村的影响小于对城镇的影响，但是城镇和农村的内部收入差距将拉大。Jiang 和 Shao(2014)通过对我国上海的研究发现碳税引起低收入家庭总支出增加0.853%，高收入家庭总支出增加 0.712%。

2.4.3　碳税对社会福利的影响

Aasness 等(1996)发现征收碳税对不同收入水平家庭福利的影响不同，对高收入家庭的影响大于对低收入家庭的影响，其主要原因是高收入家庭对含二氧化碳排放商品的支出较多。Wissema 和 Dellink(2007)研究发现征收碳税，福利只会轻微降低，但是生产和消费将会显著变化，居民将会增加消费含碳低的产品。Almutairi 和 Elhedhli(2014)的研究也得出类似的结论。

但是 Yang(2001)和 Guo 等(2014)采用一般均衡模型发现征收碳税会造成低收入家庭相当大的福利损失。主要有两个原因：一是征收碳税使含碳商品价格提高和居民可支配收入减少，低收入水平家庭的消费能力降低；二是含碳商品在低收入家庭中的支出比例大。Creedy 和 Sleeman(2006)通过对新西兰的研究也得出类似的结论，低总支出水平的家庭会把他们大部分可支出分配收入花在含碳产品上，当碳税为 25 美元/t 时，虽然含碳商品价格提高，但是低总支出水平家庭并没有减少对该商品的消费，这会在很大程度上降低他们的福利水平。

2.4.4　碳税对二氧化碳减排的影响

一直以来碳税对二氧化碳的减排效果存在很大的争议。在不同国家和地区的不同经济社会发展阶段，征收碳税对二氧化碳排放的影响有较大差异。

多数的研究发现碳税对减少二氧化碳排放影响显著。高鹏飞和陈文颖(2002)发现为了减少二氧化碳排放，可实行的最具市场效率的经济措施是征收碳税。王淑芳(2005)研究发现征收碳税能够减少二氧化碳排放，减缓全球气候变暖。Gerlagh 和 Lise(2005)采用一个经济局部均衡模型研究发现，征收碳税对减少二氧化碳排放会起积极作用。Floro 和 Vlachou(2005)采用两阶段超对数成本函数时发现对每吨碳征收 50 美元的碳税使希腊的二氧化碳排放大量减少。同样，陈诗一(2011)、Lin 和 Li(2011)、Mori(2012)、Duan 等(2014)、Yang 等(2014)、Allan 等(2014)研究发现碳税能有效减少二氧化碳排放，抑制全球气候变暖。

但是也有研究发现碳税对温室气体减排的作用并不明显。Bruvoll 和 Larsen(2004)运用一般均衡模型发现征收碳税对挪威单位 GDP 二氧化碳排放减少的影响有限；能源强度的降低、能源结构的改变和排放过程的减少引起了单位 GDP 二氧化碳排放的减少。其中能源强度和能源结构对二氧化碳减排的贡献份额为 14%，但碳税对二氧化碳减排的贡献份额仅为 2%。王志文和张方(2012)通过对碳排放和燃料价格因果关系和脉冲响应的研究，发现我国化石燃料需求存在刚性，预计征收碳税对二氧化碳减排效果不明显。

2.4.5　碳税对能源利用的影响

征收碳税能使二氧化碳减排达到预期的目标和能源使用的结构和效率，由含碳较低的清洁能源(如天然气、可再生能源)替代含碳较高的化石能源(如煤炭)。Nakata 和 Lamont(2001)运用局部均衡理论研究发现，在日本征收碳税会引起能源使用的改变，即煤炭到天然气的转换。Seres 等(2001)研究发现征收碳税将改变煤炭、石油、电力和天然气等能源消费结构并促进二氧化碳减排。Kahn 和 Franceschi(2006)建议使用单位碳排放的税收体系，征收碳税能够促进能源使用的转移。Fang 等(2013)用动态进化分析发现在我国征收碳税能有效控制能源强度。

2.5　可再生能源

对于能源与经济增长的理论研究大致可以分为两类。一是传统能源与经济增长之间的理论研究；二是可再生能源与经济增长之间的理论研究。Rasche 和 Tatom（1997）首次将能源要素引入柯布-道格拉斯生产函数中研究能源与经济增长之间的关系。研究表明，由于能源的大量消耗及不可再生性，人们会逐渐降低对不可再生能源的需求。Ayres 等（2013）研究表明，能源是比资本和劳动力更重要的第三种生产要素。也有学者从经济增长对能源的影响的角度来考察传统能源和经济增长之间的关系，Norman（1996）在经济增长模型中考虑经济增长环境下技术进步对不可再生能源约束作用的补偿，认为技术进步能够提高传统能源的利用率，突破传统能源在数量上的限制性，实现经济的可持续增长。

随着科学技术的发展，人们对不同的能源有了更深刻的认识和研究。在不同经济发展水平下，人们所开发的主导能源也不尽相同。随着传统能源的不断耗竭和环境问题的日益突出，人们开始寻求新的能源形式来替代传统的能源形式。Gastaldo 和 Ragot（1996）将不可再生能源纳入生产函数，研究发现在生产过程中，由于数量有限，不可再生能源对产出的影响作用越大，人们会越节约不可再生能源的使用量，最终导致经济增长率下降。Grimaud 和 Rouge（2003）认为在研究能源消费和经济增长相互影响时，不能单单考虑传统化石能源的作用，还应该将太阳能、风能、潮汐能等可再生能源纳入考察的范畴。Valente（2005）就在模型中加入了可再生能源这一变量，研究发现可再生能源在总的能源消费中的比例决定着经济发展的可持续能力，比例越高经济的持续发展就越有保障。Apergis 和 Payne（2010）研究了可再生能源消费与经济增长之间的关系。研究表明无论是长期还是短期，可再生能源消费与经济增长之间的关系都是双向的。

由以上分析可知，国内外大多数研究者多关注传统能源，对可再生能源的研究较少。与传统的煤炭、石油和天然气等化石能源相比，可再生能源的研究主要还是停留在法律法规和理论分析层面。由于可再生能源数据获取困难，对其实证研究较少，并且实证研究主要是针对一个国家，对于可再生能源合作的研究甚少。目前，全世界都面临着传统能源耗竭和全球气候变暖的压力，要从根本上保障国家的能源安全和经济的持续发展，我国必须进行战略转移，重点发展太阳能、风能和生物质能等可再生能源。可再生能源合作有利于两国优势互补，促进可再生能源的发展，从而保障能源安全和促进经济的持续发展。同时，一些学者提出一些可再生能源政策，并讨论了合作的有效性（Menz and Vachon，2006；Yin and Powers，2010；Buckman，2011）。

2.6　能源消费预测

能源消费预测方法可以分为单一预测方法和组合预测方法两类。其中，单一预测方法主要有灰色系统预测模型、神经网络预测模型、向量自回归模型和系统动力学模型。

1986 年，华中科技大学邓聚龙提出灰色系统预测模型。灰色系统是指在系统中同时包含已知信息和未知信息(苏为华和余明江,2002;胡光宇,2005;曾胜和刘朝明,2008)。经过大概 30 年的发展,灰色系统预测模型已经被广泛应用于地质、气象、农业和能源领域(曾波等,2009;马杰,2014)。1943 年,McCulloch(麦卡洛克)和 Pitts(皮茨)建立了神经网络和数学模型(后统称为 MP 模型)。McCulloch 和 Pitts 通过 MP 模型证明了单个神经元能执行逻辑功能,从此人工神经网络得到迅速的发展(王振龙,1993)。反向传播(back propagation,BP)网络模型是人工神经网络最典型的模型。BP 网络包含输入层、中间层和输出层三层,采用学习来调整每一层的权值。目前,BP 网络模型已经被广泛应用于股票、医疗、能源和土地等领域(胡雪棉和赵国浩,2008;卫敏和余乐安,2012;李松等,2012;Yu and Xu,2014;Zhang et al,2015)。

1980 年,Sims(西姆斯)第一次提出一种非结构化的多方程模型,即向量自回归(vector autoregression,VAR)模型。在向量自回归模型中,每个变量都被当作内生变量,并且没有事先的约束条件。VAR 模型的优点主要在于每个变量对其他预测变量都起作用,并且不必对变量在预测期内的取值做任何预测(高铁梅,2006;Henzela and Mayr,2013;Öğünc et al.,2013)。1956 年,Forrester(福里斯特)首次提出关于管理库存的系统仿真方法。系统动力学(system dynamics,SD)模型是以运筹学为基础,以现实为前提去寻找改善系统行为的机会和途径(王其藩,1995;贾仁安和丁荣华,2002;张春香和刘志学,2007;郑路和勒中坚,2011)。从此以后,系统动力学模型被广泛用于各个领域(李杰兰等,2009;Liu et al.,2015;Eddy-U,2015)。

每种预测模型都有各自的优势,但单独使用一种预测模型容易造成部分有用信息的丢失。如果能够综合利用各种预测模型的优点,就能够在一定程度上减少预测误差,提高预测精度(Li and Chen,2014)。1969 年,Bates(贝茨)和 Granger(格兰杰)首次提出组合预测方法。此后,组合预测方法被广泛应用于各个领域,如灰色系统理论模型与主成分分析模型(张翎,2001)、情景分析与投入产出组合模型(梁巧梅等,2004)、投入产出与情景分析组合模型(卢奇等,2003)和人工神经网络(artificial neural network,ANN)优化组合预测模型(Bordley,1982)。目前的能源消费组合预测方法有三个缺点:一是未考虑主观先验信息;二是没有充分提取各预测方法正确的预测信息;三是没有考虑模型的不确定性因素,如经济机构的未来变化模型结构、模型参数和预测起点基期数据的错误度量等。因此,本书采取贝叶斯模型平均组合预测进行研究。

自 Harrison 和 Stevens(1976)首次提出贝叶斯模型平均组合预测方法后,Learmer(1978)提出了贝叶斯模型平均组合预测的框架。从此之后,贝叶斯模型平均组合预测被运用到很多领域,如水文预测、天气预测和汇率预测等(Wright,2008;DeChant and Moradkhani,2014)。运用该方法的关键在于估计模型的后验概率。目前,后验概率的计算方法主要有贝叶斯信息准则(BIC)、赤池信息量准则(AIC)、期望最大化方法(EM)和马尔可夫链蒙特卡洛模拟(MCMC)(Kass and Wasserman,1995;Burnham and Anderson,2004;Raftery,2005;Baran,2014;Oijen,2014)。由于期望最大化、赤池信息量准则和贝叶斯信息准则不能解决高维空间问题,并且预测精度较低,本书用马尔可夫链蒙特卡洛模拟方法来计算模型的后验概率。

第3章　我国能源CGE模型的构建

CGE模型是由Walras(瓦尔拉)的一般理论发展而来的。CGE模型是把一个抽象的形式变为一个实际和数值可计算的模型。概括地说，就是用一组方程来描述供给、需求以及市场关系。在这组方程中，包括内生变量和外生变量。内生变量又叫非政策性变量、因变量，是指在经济机制内部由纯粹的经济因素所决定的变量，不为政策所左右。内生变量是"一种理论内所要解释的变量"，是由模型决定的，如市场经济中的价格、利率、汇率等变量。外生变量也叫政策性变量，是指在经济机制中受外部因素(主要是政策因素)影响，而非经济体系内部因素所决定的变量。外生变量是相对于内生变量而言的，是模型以外的变量，它会影响内生变量，但不是模型需要解释的变量，外生变量并不因为其是外生的就和模型没有关系，相反它对内生变量具有重要影响，只是常常假设其在一定的时期或者某些情况下是不变的，在这样的前提下考虑模型中其他的变量问题。通过对CGE模型的求解，可得到各个市场供给与需求都达到新的均衡时的一组数量和价格。本书在标准CGE模型结构的基础上做了两个方面的工作：一是把能源当作第三要素投入加到CGE模型生产函数中；二是增加了碳税模块，构建了我国能源CGE模型。

3.1　我国能源CGE模型的结构

本书构建的我国能源CGE模型主要包括价格方程、生产方程、收入方程、消费方程、国际贸易方程、闭合方程和碳税方程七部分。假定i表示生产部门；α_i^{neid}表示第i部门中非能源中间投入合成需求的CES份额参数；σ_i^p表示第i部门中资本-能源-劳动力合成与非能源中间投入合成之间的替代弹性；tp_i表示第i部门的生产税率；α_i^l表示第i部门中劳动力需求的CES份额参数；λ_i^l表示第i部门的劳动力利用效率；σ_i^{kel}表示第i部门资本-能源合成和劳动力之间的替代弹性；α_i^{ke}表示第i部门中资本-能源合成需求的CES份额参数；$a_{ne,i}$表示第i部门对非能源部门的直接消耗系数。

3.1.1　价格方程

CGE模型的价格是相对价格，价格之间通过恒替代弹性(constant elasticity of substitution，CES)函数、常转换弹性(constant elasticity of transformation，CET)函数、税收、补贴和汇率相互联系。如图3.1所示，价格方程可以分为四层，在每一个嵌套层次上，可替代的程度取决于替代弹性。第一层，包含资本-能源-劳动力合成价格和非能源中间投入合成价格两部分。其中增值部分为资本-能源-劳动力合成(包括资本、劳动力、煤炭、石油、天然气和电力)。第二层，资本-能源-劳动力价格包含资本-能源合成价格和劳动力价格两部分；非能源中间投入合成价格用列昂惕夫 (Leontief) 生产函数来描述。第三层，资本价格和能源合成价格构成资本-能源合成价格。第四层，能源合成价格包含煤炭价格、石油价格、天然气价格和电力价格四部分。

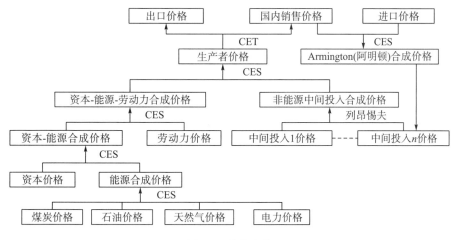

图 3.1　价格方程

$$\mathrm{PQ}_i = \left[\alpha_i^{neid} \left(\mathrm{PNEID}_i \right)^{(1-\sigma_i^p)} + \alpha_i^{kel} \left(\mathrm{PKEL}_i \right)^{(1-\sigma_i^p)} \right]^{1/1-\sigma_i^p} \tag{3.1}$$

式中，PQ_i 表示第 i 部门不含生产税的生产者价格；PNEID_i 表示第 i 部门非能源中间投入合成价格；PKEL_i 表示第 i 部门资本-能源-劳动力合成价格。

$$\mathrm{PQT}_i = \left(1 + tp_i \right) \mathrm{PQ}_i \tag{3.2}$$

式中，PQT_i 表示第 i 部门含生产税的生产者价格。

$$\mathrm{PNEID}_i = \sum_{ne} a_{ne,i} \mathrm{PA}_{ne,i} \tag{3.3}$$

式中，$\mathrm{PA}_{ne,i}$ 表示第 i 非能源部门的生产者价格。

$$\mathrm{PKEL}_i = \left[\alpha_i^l \left(\frac{\mathrm{PL}}{\lambda_i^l} \right)^{1-\sigma_i^{kel}} + \alpha_i^{ke} \left(\mathrm{PKE}_i \right)^{1-\sigma_i^{kel}} \right]^{1/1-\sigma_i^{kel}} \tag{3.4}$$

式中，PL 表示劳动力的平均价格；PKE_i 表示第 i 部门资本-能源合成价格。

$$\mathrm{PKE}_i = \left[\alpha_i^k \left(\frac{\mathrm{PC}}{\lambda_i^k} \right)^{1-\sigma_i^{ke}} + \alpha_i^e \left(\mathrm{PE}_i \right)^{1-\sigma_i^{ke}} \right]^{1/1-\sigma_i^{ke}} \tag{3.5}$$

式中，PC 表示资本的平均价格；α_i^k 表示第 i 部门中资本需求的 CES 份额参数；λ_i^k 表示第 i 部门的资本利用效率；α_i^e 表示第 i 部门中能源合成需求的 CES 份额参数；σ_i^{ke} 表示第 i 部门中资本与能源合成之间的替代弹性；PE_i 表示第 i 部门能源合成价格。

$$\mathrm{PEQ}_i = \frac{\mathrm{ER} \cdot \mathrm{WPE}_i}{1 - teq_i} \tag{3.6}$$

式中，PEQ$_i$表示第 i 部门出口商品的国内价格，ER 表示汇率；WPE$_i$ 表示第 i 部门出口商品的世界价格；teq_i 表示第 i 种商品的出口退税率。

$$PM_i = \frac{ER \cdot WPM_i}{1 - tm_i} \tag{3.7}$$

式中，PM$_i$ 表示第 i 部门进口商品的国内价格；WPM$_i$ 表示第 i 部门进口商品的世界价格，tm$_i$ 表示第 i 种商品的进口关率。

$$PQT_i = \left[\alpha_i^{ds} \left(PD_i \right)^{1+\sigma_i^{ex}} + \alpha_i^{ex} \left(PEQ_i \right)^{1+\sigma_i^{ax}} \right]^{1/1+\sigma_i^{ex}} \tag{3.8}$$

式中，PD$_i$ 表示第 i 部门供国内需求的国内价格；α_i^{ds} 表示第 i 种国内商品国内供应的 CES 份额参数；α_i^{ex} 表示第 i 种出口商品的 CES 份额参数；σ_i^{ex} 表示第 i 种国内商品出口与国内供应之间的转换弹性；σ_i^{ax} 表示第 i 种国内商品出口的 CET 份额参数；PEQ$_i$ 表示第 i 部门出口商品的国内价格。

$$PA_i = \left[\alpha_i^{dd} \left(PD_i \right)^{1-\sigma_i^{m}} + \alpha_i^{m} \left(PEQ_i \right)^{1-\sigma_i^{m}} \right]^{1/1-\sigma_i^{m}} \tag{3.9}$$

式中，PA$_i$ 表示第 i 部门进口商品与国内商品的 Armington 合成价格，α_i^{dd} 表示对第 i 种国内商品需求的 CES 份额参数；σ_i^{m} 表示第 i 种进口商品与国内商品之间的替代弹性；α_i^{m} 表示第 i 种进口商品与国内商品之间的替代弹性。

3.1.2 生产方程

如图 3.2 所示，生产方程总共分为四层，在每一个嵌套层次上，可替代的程度取决于替代弹性。第一层，包含资本-能源-劳动力合成和非能源中间投入合成两部分。其中资本-能源-劳动力合成为增值部分，包括资本、劳动力、煤炭、石油、天然气和电力。第二层，资本-能源-劳动力合成包含资本-能源合成和劳动力两部分；非能源中间投入合成用列昂惕夫生产函数来描述。第三层，资本-能源合成包含资本和能源合成两部分。第四层，能源合成包含煤炭、石油、天然气和电力四部分。

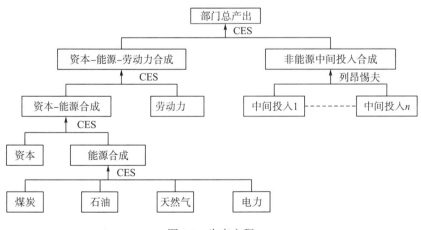

图 3.2　生产方程

$$\text{NEID}_i = \alpha_i^{neid} \left(\frac{\text{PQ}_i}{\text{PNEID}_i} \right)^{\sigma_i^p} \text{QA}_i \tag{3.10}$$

式中，NEID_i 表示第 i 部门对非能源中间投入合成的需求；PQ_i 表示第 i 部门不含生产税的生产者价格；PNEID_i 表示第 i 部门非能源中间投入合成价格；QA_i 表示第 i 部门的总产出。

$$\text{KEL}_i = \alpha_i^{kel} \left(\frac{\text{PQ}_i}{\text{PKEL}_i} \right)^{\sigma_i^p} \text{QA}_i \tag{3.11}$$

式中，KEL_i 表示第 i 部门对资本-能源-劳动力合成的需求；α_i^{kel} 第 i 部门中资本-能源-劳动力合成需求的 CES 份额参数。

$$\text{XAP}_{neid,i} = a_{neid,i} \text{NEID}_i \tag{3.12}$$

式中，$\text{XAP}_{neid,i}$ 表示第 i 部门对非能源中间投入的需求；$a_{neid,i}$ 表示第 i 部门对非能源部门的直接消耗系数。

$$L_i = \alpha_i^l \left(\lambda_i^l \right)^{\sigma_i^{kel}-1} \left(\frac{\text{PKEL}_i}{\text{PL}} \right)^{\sigma_i^{kel}} \text{KEL}_i \tag{3.13}$$

式中，L_i 表示第 i 部门对劳动力的需求；PKEL_i 表示第 i 部门资本-能源-劳动力合成价格。

$$\text{KE}_i = \alpha_i^{ke} \left(\frac{\text{PKEL}_i}{\text{PKE}_i} \right)^{\sigma_i^{kel}} \text{KEL}_i \tag{3.14}$$

式中，KE_i 表示第 i 部门对资本和能源合成的需求。

$$K_i = \alpha_i^k \left(\lambda_i^k \right)^{\sigma_i^{ke}-1} \left(\frac{\text{PKE}_i}{\text{PC}} \right)^{\sigma_i^{ke}} \text{KE}_i \tag{3.15}$$

式中，K_i 表示第 i 部门对资本的需求。

$$E_i = \alpha_i^e \left(\frac{\text{PKE}_i}{\text{PE}_i} \right)^{\sigma_i^{ke}} \text{KE}_i \tag{3.16}$$

式中，E_i 表示第 i 部门对能源合成的需求。

3.1.3 收入方程

收入方程中主要包含三部分：居民、企业和政府(图 3.3)。居民的收入来自劳动力、转移支付和补贴三部分；企业收入来自投资资本的回报；政府收入主要来源于居民和企业上交的各项税收和对外贸易中的关税。

经济人主体

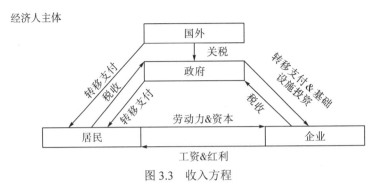

图 3.3 收入方程

$$YH = \sum_i \gamma_i^l \cdot W \cdot L_i^d + \beta \cdot YE(1 - te) \qquad (3.17)$$

式中，YH 表示居民收入总额；YE 表示企业收入总额；γ_i^l 表示第 i 部门的劳动力利用效率；W 表示工资率；L_i^d 表示 i 部门的劳动禀赋；β 表示企业对居民的利润分配占企业收入的比例；te 表示企业所得税率。

$$YD = (1-th)\,YH + PINDEX \cdot TRGH \qquad (3.18)$$

式中，YD 表示居民可支配收入总额；th 表示个人所得税率；PINDEX 表示 GDP 平减指数；TRGH 表示政府对居民的转移支付总额。

$$YE = \sum_i \gamma_i^k \cdot PC \cdot K_i^d \qquad (3.19)$$

式中，γ_i^k 表示第 i 部门的资本利用效率；PC 表示资本的平均价格；K_i^d 表示第 i 部门对资本的需求。

$$YG = \sum_i tp_i \cdot QT_i \cdot PQ_i + th \cdot YH + te \cdot YE + \sum_i tm_i \cdot QM_i \cdot PM_i - \sum_i teq_i \cdot ES_i \cdot PEQ_i \qquad (3.20)$$

式中，YG 表示政府收入总额；tp_i 表示第 i 部门的生产税率；QM_i 表示国内市场对第 i 种进口商品的需求；tm_i 表示第 i 种商品的进口关税率；teq_i 表示第 i 种商品的出口退税率；ES_i 表示第 i 种国内商品对国际市场的供应；PEQ_i 表示第 i 部门出口商品的国内价格。

3.1.4 消费方程

从图 3.4 可知，消费方程主要包括居民消费、政府消费、投资需求、中间使用和存货变动五部分。其中，政府消费和投资需求由总支出的固定份额决定；在满足一定收入条件限制下，按照效用最大化原则来确定居民消费数量；中间使用由生产函数决定。

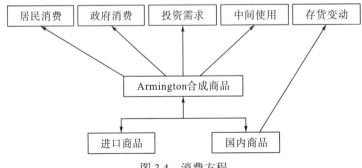

图 3.4 消费方程

$$QAC_i = \alpha_i^h \frac{YD(1-mpsh)}{PA_i} \tag{3.21}$$

式中，QAC_i 表示居民对第 i 部门商品的消费；α_i^h 表示居民对第 i 种商品的消费占居民总消费中的比例；mpsh 表示居民的储蓄率。

$$QAG_i = \alpha_i^g \frac{PINDEX \cdot XG}{PA_i} \tag{3.22}$$

式中，QAG_i 表示政府对第 i 部门商品的消费；α_i^g 表示政府对第 i 种商品的消费占政府总消费的比例。

$$QAI_i = \alpha_i^i \frac{QI}{PA_i} \tag{3.23}$$

式中，QAI_i 表示第 i 部门商品的投资；α_i^i 表示对第 i 种商品的投资消费占政府总消费的比例。

$$QA_i = \sum_i QAP_{i,j} + QAC_i + QAI_i \tag{3.24}$$

式中，QA_i 表示第 i 部门商品的 Armington 合成需求。

$$SH = YD \cdot mpsh \tag{3.25}$$

$$SE = YE(1-te\ )(1-\beta) \tag{3.26}$$

$$SG=YG-PINDEX \cdot TRGH-PINDEX \cdot XG \tag{3.27}$$

$$DST_i = \alpha_i^{dst} \cdot XP_i \tag{3.28}$$

式中，SH 表示居民储蓄总额；α_i^{dst} 表示第 i 部门库存变动占部门产出的比例；SE 表示企业储蓄总额；SG 表示政府储蓄总额；DST_i 第 i 部门的库存变化。

3.1.5 国际贸易方程

模型中的贸易结构如图 3.5 所示。本书采用的是小国假设，即我国国内价格不足以影响世界价格；国内商品和进口商品是不完全替代的，采用 Armington 函数描述；进口是 CES 函数；出口是 CET 函数。

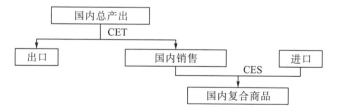

图 3.5 贸易结构

$$QD_i^d = \alpha_i^{dd} \left(\frac{PA_i}{PD_i} \right)^{\sigma_i^m} QA_i \tag{3.29}$$

$$QM_i = \alpha_i^m \left(\frac{PA_i}{PM_i} \right)^{\sigma_i^m} QA_i \tag{3.30}$$

$$QD_i^s = \alpha_i^{ds} \left(\frac{PD_i}{PP_i} \right)^{\sigma_i^{ex}} QP_i \left(1 - \alpha_i^{dst} \right) \tag{3.31}$$

$$ES_i = \alpha_i^{es} \left(\frac{PEQ_i}{PP_i} \right)^{\sigma_i^{ex}} QP_i \left(1 - \alpha_i^{dst} \right) \tag{3.32}$$

式中，QD_i^d 表示国内市场对第 i 种国内商品的需求量；QM_i 表示国内市场对第 i 种进口商品的需求量；QD_i^s 表示第 i 种国内商品国内销售量；ES_i 表示第 i 种国内商品的出口量；α_i^{dst} 表示第 i 部门库存变动占部门产出的比例。

3.1.6　闭合方程

CGE 模型的均衡包括产品市场均衡、要素市场均衡、政府收支均衡、国际收支均衡以及投资与储蓄均衡五种(表 3.1)。

表 3.1　均衡的分类

类别	内容
产品市场均衡	各部门的总供给等于总需求，可以通过产品相对价格的变动来达到产品市场出清
要素市场均衡	各种要素的总供应等于总需求，通过各要素回报率的相对变动达到市场出清
政府收支均衡	政府的收入等于支出，这里的收支均衡是更广义的均衡，允许政府存在赤字，即如果收入大于支出，差额为政府储蓄，反之差额为政府赤字
国际收支均衡	指进口等于出口加净国外资本流入(国外储蓄)
投资与储蓄均衡	总投资应该等于总储蓄

$$XD_i^d = XD_i^s \tag{3.33}$$

$$\sum_i K_i^d = KS \tag{3.34}$$

$$\sum_i L_i^d = LS \tag{3.35}$$

$$XI = SH + SG + SE + ER \cdot SF - \sum_i PP_i \cdot DST_i \tag{3.36}$$

$$\sum_i WPE_i \cdot ES_i = \sum_i WPM_i \cdot XM_i - SF \tag{3.37}$$

$$GDP = \sum_i \left[PA_{i0} \left(XAC_i + XAG_i + XAI_i \right) + PP_{j0} DST_i + ER_0 \left(WPE_i ES_i - WPM_i XM_i \right) \right] \tag{3.38}$$

$$PINDEX = \frac{GDPVA}{RGDP} \tag{3.39}$$

式中，WPE_i 表示第 i 种出口商品的世界价格；WPM_i 表示第 i 种进口商品的世界价格；XI 表示总投资；$GDPVA$ 表示名义 GDP；$RGDP$ 表示真实 GDP；$PINDEX$ 表示 GDP 平减指数。

3.1.7 碳税方程

本书征收碳税的对象是国内消费的煤炭、石油和天然气等化石能源,对于出口的化石能源不征碳税。首先将煤炭、石油和天然气等化石能源转化为一定比例的碳,然后对碳征税,最后在政府收入中加入碳税这一收入。表 3.2 给出了 2015 年我国消费化石燃料的实物消费量、含碳量和燃烧比例。

表 3.2 2015 年我国消费化石燃料的实物消费量、含碳量和燃烧比例

化石燃料类型	2015 年实物消费量	含碳量	燃烧比例
煤炭	191991.8MTOE	0.54tC/t	98.3%
石油	56060.4MTOE	0.84tC/t	98.3%
天然气	1932(10 亿 m³)	0.0006tC/m³	98.3%

注:MTOE 是 million tonnes oil equivalent 的简写,表示百万吨石油当量。

$$C(i, j) = \beta_j \cdot E(i, j) \tag{3.40}$$

式中, $C(i, j)$ 表示部门 i 使用燃料 j 的含碳量; $E(i, j)$ 表示部门 i 使用燃料 j 的量; β_j 表示二氧化碳排放系数。

$$\beta_j = E_j \cdot CC_j \cdot O_j \cdot \alpha \tag{3.41}$$

式中, β_j 表示二氧化碳排放系数; E_j 表示第 j 种化石能源的发热值; CC_j 表示第 j 种化石能源的含碳量; O_j 表示第 j 种化石能源的氧化因子; α 表示 CO_2 分子与 C 元素的质量比,即 3.67。

因此,对部门 i 使用化石燃料 j 征收的碳税 $TC_s(i, j)$ 为

$$TC_s(i, j) = TC \cdot C(i, j) \tag{3.42}$$

式中,TC 表示每吨碳的价格。

因此,总的碳税为

$$TOTTC = \sum_j \sum_i TC_s(i, j) \tag{3.43}$$

3.2 社会核算矩阵

3.2.1 社会核算矩阵的原理

社会核算矩阵(social accounting matrix,SAM)表示一个正方形矩阵,每行和每列代表一个国民核算账户。行是记录收入的来源,列是记录支出的去向;矩阵中的元素数值代表各账户间的交易量。在平衡的宏观社会核算矩阵中,每列的总数和每行的总数必须相等。20 世纪 60 年代,Stone 和 Brown(1965)和剑桥增长项目的其他合作者构造了第一个 SAM。20 世纪 90 年代中期,SAM 的编制和应用才在我国开展起来。1987 年,我国构造了第一个社会核算矩阵。社会核算矩阵是描述宏观经济变量之间的流量关系。自此之后,SAM

表被广泛用于收入分配、贸易分析、人力规划和税收研究等。本书构建的 SAM 表中主要包括活动、商品、劳动力、资本、居民、企业、政府、固定资产投资、存货增加和国外10 个主要账户(表 3.3)。SAM 表的数据来源于 2015 年中国投入产出表、2010 年投入产出延长表、《中国统计年鉴 2016》《中国财政年鉴 2016》和 2016 年中国资金流量表。

表 3.3　2015 年宏观 SAM 的数据来源

行	列	数据来源及出处	账户
1.活动	2.商品	2015 年中国投入产出表	总产出-出口
	10.国外	2015 年中国投入产出表	出口合计
2.商品	1.活动	2015 年中国投入产出表	中间投入合计
	5.居民	2015 年中国投入产出表	居民消费支出合计
	7.政府	2015 年中国投入产出表	政府消费支出
	8.固定资产投资	2015 年中国投入产出表	固定资本形成总额
	9.存货增加	2015 年中国投入产出表	存货增加+其他
3.劳动力	1.活动	2015 年中国投入产出表	劳动者报酬
4.资本	1.活动	2015 年中国投入产出表	固定资产折旧+营业盈余
5.居民	3.劳动力	2015 年中国投入产出表	劳动者报酬
	4.资本	《中国统计年鉴 2016》	资金流量表"住户部门"财政收入来源
	6.企业	—	列余量
	7.政府	《中国财政年鉴 2016》	包括价格补贴、社会保障和就业支付
	10.国外	《中国统计年鉴 2016》	国际收支平衡表中的其他部门差额
6.企业	4.资本	—	列余量
7.政府	1.活动	2015 年投入产出延长表	生产税净额
	2.商品	《中国财政年鉴 2016》	进口货物的关税及消费税、增值税
	5.居民	《中国财政年鉴 2016》	个人所得税
	6.企业	《中国财政年鉴 2016》	决算中的企业所得税
	10.国外	《中国财政年鉴 2016》	国际收支平衡表中,"经常转移"中各级政府差额
8.固定资产投资	5.居民	2016 年中国资金流量表	居民储蓄
	6.企业	—	列余量
	7.政府	—	列余量
	10.国外	—	列余量
9.存货增加	8.固定资产投资	2015 年中国投入产出表	存货增加+其他
10.国外	2.商品	2015 年中国投入产出表	投入产出表中的货物进口减去关税及进口产品消费税、增值税
	4.资本	《中国统计年鉴 2016》	国际收支平衡表中经常项目"投资收益差额"
	7.政府	《中国统计年鉴 2016》	政府对国外的"对外援助"与支付给国外的借款利息之和

3.2.2　社会核算矩阵的平衡

从表 3.3 可知，社会核算矩阵的数据来源有三个方面的特点：一是统计数据来源众多，并且统计角度和统计口径不一致；二是统计数据存在时间上的滞后性；三是投入产出表数据是每隔 5 年发布一次，并不是每年都能得到更新的数据。因此，需要采用科学合理的方法对原始的社会核算矩阵进行平衡。当前，常用的平衡方法是手动平衡方法、最小二乘法、RAS 法和交叉熵法(张欣，2010)。

1. 手动平衡方法

采用手动平衡方法需要满足两个条件：一是行列总量的相差很小；二是能准确地把握各个数据的不同客观性。因此，手动平衡方法是一种简单、易于操作的方法，但是得到的平衡表是依靠主观判断的，缺乏一定的科学性。这种方法在实际运用中比较少见。

2. 最小二乘法

最小二乘法是指根据最小二乘准则，利用样本数据估计回归方程的一种方法。利用最小二乘法对初始的社会核算矩阵进行平衡的思路与统计回归的思路一样。具体步骤如下。首先设定目标函数，然后在最小化时，满足社会核算矩阵表的限制条件。

$$\min_{Q_{ij}} z = \sum_i^n \sum_j^n \left(Q_{ij} - \overline{Q}_{ij}\right)^2 \tag{3.44}$$

如果在社会核算矩阵表中的不同元素的单位差异过大，则目标函数可以设为

$$\min_{Q_{ij}} z = \sum_i^n \sum_j^n \left(Q_{ij} / \overline{Q}{ij} - 1\right)^2 \tag{3.45}$$

在最小化时，必须满足社会核算矩阵表的平衡限制条件：

$$\sum_i^n Q_{ik} = \sum_j^n Q_{kj}, k = 1, \cdots, n \tag{3.46}$$

3. RAS 法

RAS 法的原理是先设定一个行列的目标值，然后对目标值和初始的社会核算矩阵的总值进行反复迭代，直到达到行列的目标值。由原理可知，RAS 法的一个缺点就是要首先固定目标值。其具体步骤如下。

(1)从 SAM 的列进行调整。将原始社会核算矩阵表元素 Q_{ij}^0 除以列总值，然后乘以列目标总值，从而得出新的元素值 Q_{ij}^1。

$$Q_{ij}^1 = Q_{ij}^0 \frac{Q_j^*}{\sum_i Q_{ij}} \tag{3.47}$$

(2)从 SAM 的行进行调整逼近。

$$Q_{ij}^2 = Q_{ij}^1 \frac{Q_j^*}{\sum_i Q_{ij}} \tag{3.48}$$

(3) 重复步骤(1)和步骤(2),直到最后得到的 SAM 的行列数和目标总值在允许误差范围内。

4. 交叉熵法

交叉熵(cross entropy,CE)法是以统计学的熵函数为基础发展起来的。测量信息强度往往选择的指标是信息熵。

假设某一事件的先验分布为 $P = (p_1, \cdots, p_n)$,如果得知一个信息后,该事件后验概率分布变为 $S = (s_1, \cdots, s_n)$,则这个信息的熵强度预期如下。

$$Z = \sum_i^n s_i \log \frac{s_i}{p_i} \quad \left(0 \leqslant p_i \leqslant 1, 0 \leqslant s_i \leqslant 1; \sum p_i = 1, \sum s_i = 1\right) \tag{3.49}$$

式中,当 Z 等于 0 时,表示这个消息是无效消息;如果每对 p_i 和 s_i 差别越大,Z 的数值越大,表示这个消息带来更多的更新。

交叉熵法的原理如下:假设 Q_{ij} 表示要平衡的变量,$\bar{Q}_{ij}$ 表示 SAM 中的原始数据。全加总数值为

$$H = \sum_i^n \sum_j^n Q_{ij}; \quad \bar{H} = \sum_i^n \sum_j^n \bar{Q}_{ij} \tag{3.50}$$

$$a_{ij} = \frac{Q_{ij}}{H}; \quad \bar{a}_{ij} = \frac{Q_{ij}}{H} \tag{3.51}$$

最小化的交叉熵目标函数 Z 是

$$
\begin{aligned}
Z &= \sum_j^n \sum_i^n a_{ij} \log \frac{a_{ij}}{\bar{a}_{ij}} = \sum_{j,}^n \sum_i^n \frac{Q_{ij}}{H} \log\left[\frac{Q_{ij}}{H}\left(\frac{\bar{Q}_{ij}}{\bar{H}}\right)\right] \\
&= \frac{1}{H} \sum_j^n \sum_i^n Q_{ij}\left(\log \frac{Q_{ij}}{X_{ij}} - \log \frac{H}{\bar{H}}\right) \\
&= \frac{1}{H} \sum_j^n \sum_i^n Q_{ij} \log \frac{Q_{ij}}{\bar{Q}_{ij}} - \frac{1}{H} \sum_j^n \sum_i^n Q_{ij} \log \frac{H}{\bar{H}} \\
&= \frac{1}{H} \sum_j^n \sum_i^n Q_{ij} \log \frac{Q_{ij}}{X_{ij}} - \log \frac{H}{\bar{H}}\left(\frac{1}{H} \sum_j^n \sum_i^n Q_{ij}\right)
\end{aligned}
\tag{3.52}
$$

在满足平衡和非负数条件下将目标函数 Z 最小化。

$$\min Z = \frac{1}{H} \sum_j^n \sum_i^n Q_{ij} \log \frac{Q_{ij}}{\bar{Q}_{ij}} - \log \frac{H}{\bar{H}} \tag{3.53}$$

$$\sum_i^n Q_{ik} = \sum_j^n Q_{kj}, k = 1, \cdots, n \tag{3.54}$$

$$Q_{ij} \geqslant 0, i = 1, \cdots, n, j = 1, \cdots, n \tag{3.55}$$

3.3　CGE 模型的求解

CGE 模型中包含大规模的非线性方程组，因此，需要借助计算机编程序去求解模型。目前，求解 CGE 模型主要有三种软件，即通用数学建模系统(generalized algebraic modeling system，GAMS)、一般均衡数学编程系统(mathematical programming system for general equilibrium)和一般均衡建模工具包(general equilibrium modeling pack)。其中，最常使用的是 GAMS。GAMS 采用的是近似标准的代数定义语言规则，能使 CGE 模型的数学表达式容易地转为 GAMS 的程序语言，适用于大规模的和复杂的数学模型。本书的 CGE 模型求解采用的是 GAMS 软件。

在 CGE 模型的求解过程中，在进行能源投资或者碳税模拟之前，为了使计算结果具有有效性，必须进行价格齐次性检验和一致性检验。①价格齐次性检验，因为在 CGE 模型中的价格都是相对价格，所以首先要选择一个价格作为价格规范因子，其他的价格都是以价格规范因子作为基础来度量。价格齐次性检验是指检验其他价格变量随价格因子的变化情况。如果价格因子作整数倍变化，其他价格变量也是整数倍的变化，并且数量保持不变，那么说明构建的 CGE 模型是满足价格齐次性检验的；反之，就没有满足价格齐次性检验，需要重新检查模型。②一致性检验是指在外生变量保持不变的情况下，观察内生变量的变化情况。一般选择 Walras 来检验 CGE 模型的一致性，若 Walras 是 0，就表明该模型满足一致性检验，否则就表示没有通过一致性检验。

3.4　本　章　小　结

本章首先构建了 CGE 模型，CGE 模型主要包括价格方程、生产方程、收入方程、消费方程、国际贸易方程、闭合方程和碳税方程七部分。然后对社会核算矩阵的原理、数据来源以及社会核算矩阵的平衡方法进行了详细阐述。最后介绍了 CGE 模型的求解、价格齐次性检验和一致性检验。

第4章 能源投资对我国经济和能源消费的影响

4.1 我国能源投资现状分析

能源工业是经济的重要基础行业，能源投资为我国经济增长提供了良好支撑。从表4.1可知，我国能源工业投资1995年为2369亿元，2017年为32259亿元，是1995年的13.62倍。其中，煤炭采选业1995年为286亿元，2017年为2648亿元，是1995年的9.26倍；石油和天然气开采业1995年为504亿元，2017年为2649亿元，是1995年的5.26倍；电力、蒸汽、热水生产和供应业1995年为1337亿元，2017年为22055亿元，是1995年的16.50倍；石油加工及炼焦业1995年为194亿元，2017年为2677亿元，是1995年的13.80倍；煤气生产和供应业1995年为49亿元，2017年为2230亿元，是1995年的45.51倍。

表4.1 我国能源工业投资变动情况 （单位：亿元）

年份	能源工业	煤炭采选业	石油和天然气开采业	电力、蒸汽、热水生产和供应业	石油加工及炼焦业	煤气生产和供应业
1995	2369	286	504	1337	194	49
2000	3991	211	789	2744	173	74
2005	10206	1163	1464	6503	801	275
2006	11826	1459	1822	7274	939	332
2007	13699	1804	2226	7907	1415	347
2008	16346	2399	2675	9024	1828	420
2009	19478	3057	2791	11139	1840	651
2010	21627	3785	2928	11915	2035	964
2011	23046	4907	3022	11604	2268	1245
2012	25500	5370	3077	12948	2500	1605
2013	29009	5213	3821	14726	3039	2210
2014	31514	4684	3948	17432	3208	2242
2015	32562	4007	3425	20260	2539	2331
2016	32136	2989	2282	22141	2635	2089
2017	32259	2648	2649	22055	2677	2230

数据来源：《中国能源统计年鉴2018》。

从图4.1可以看出，电力、蒸汽、热水生产和供应业投资占比最大，2000年投资比例占68.75%。预计到2030年，我国电力、蒸汽、热水生产和供应业投资占比将会减少到50%，但仍然是能源投资的重心。1995~2008年，石油和天然气开采业的投资比例高于煤炭采选业，但是在2008年之后，煤炭采选业占比高于石油和天然气开采业，2016年，煤炭采选业及石油和天然气开采业的投资比例分别达到9.25%和7.10%。未来煤炭行业的投资是以大中型煤矿为主体；预计到2030年，大中型煤矿投资将占煤炭行业投资的90%以上，其中基本建设投资占60%以上。2008年，石油加工及炼焦业的投资份额达到最大值，为11.18%，随后呈现递减的趋势，2016 年的投资比例为 8.21%。煤气生产和供应业投资占比总体上呈现递增的趋势，但是投资占比是最小的，在 1995 年和 2016 年分别为 2.07%和 6.50%。

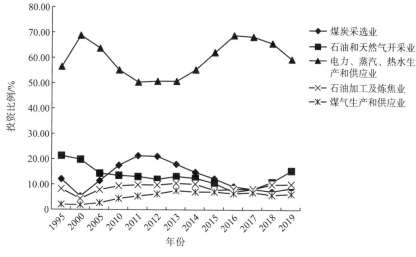

图 4.1　能源工业分行业投资构成

注：由于年鉴数据有限，1995~2010 年的数据不再展开说明。

4.2　部门的划分

根据 2015 年的全国投入产出表，本书把 65 个生产部门合并为农业、煤炭、石油、天然气、电力、重工业、轻工业、化学工业、建筑业、交通业和服务业 11 个生产部门(表 4.2)。

表 4.2　部门的划分

部门	2015 年投入产出表中的部门
农业	农林牧渔业
煤炭	煤炭开采和洗选业
石油	石油、石油加工、炼焦及核燃料加工业、燃气生产和供应业
天然气	天然气开采业
电力	电力、热力的生产和供应业
重工业	非金属矿物制品业、黑色金属冶炼、钢压延加工业、有色金属冶炼及压延业、金属制品业、通用设备制造业、专用设备制造业、铁路运输设备制造业、汽车制造业、船舶及浮动装置制造业、其他交通运输设备制造业、电气设备、输配电及控制设备制造业、家用电力和非电力器具制造业、其他电气机械及器材制造业、通信设备及雷达制造业、电子计算机制造业、电子元器件制造业、家用视听设备制造业、其他电子设备制造业、黑色金属矿采选业、有色金属矿采选业、非金属矿及其他矿采选业
轻工业	食品及酒精饮料/烟草制品业、纺织材料加工业、纺织/针织制成品制造业、纺织服装/鞋/帽制造业、皮革/毛皮/羽毛(绒)及其制品业、木材加工及家具制造业、造纸/印刷文教体育用品制造业、水的生产和供应业、仪器仪表制造业、文化/办公用机械制造业、工艺品及其他制造业(含废品废料)
化学工业	基础化学原料/肥料/农药/合成材料制造业、专用化学产品制造业、其他化学制品、塑料/橡胶制品
建筑业	建筑业
交通业	交通运输、仓储和邮政业
服务业	信息传输/计算机服务和软件业、批发和零售业、住宿和餐饮业、金融业、房地产业、租赁和商务服务业、研究与试验发展业、综合技术服务业、水利/环境和公共设施管理业、居民服务和其他服务业、教育/卫生/社会保障和社会福利业、文化/体育和娱乐业、公共管理和社会组织

4.3　模型的参数

根据第 3 章介绍的宏观社会核算矩阵的平衡方法，本章选用交叉熵方法对初始的宏观社会矩阵进行平衡（表 4.3）。

表 4.3　2015 年中国宏观社会核算矩阵　　　　　　　　　　（单位：亿元）

参数	商品	活动	劳动力	资本	企业	居民	政府	固定资产投资	存货变动	国外	总和
商品		849145.9				144714.4	51972.1	183615.2	12826.9	111910.9	1354185.4
活动	1252794.9										1252794.9
劳动力		191008.9									191008.9
资本		152729.2									152729.2
企业				142350.3							142350.3
居民			191008.9	12956.7	36234.5		11714.7				251914.8
政府	12518.5	59910.9			12843.5	4837.3				−100.1	90010.1
固定资产投资					93272.3	102363.1	26208.0			−25401.4	196442.0
存货变动								12826.9			12826.9
国外	88872.0			−2577.8			115.3				86409.5
总和	1354185.4	1252794.9	191008.9	152729.2	142350.3	251914.8	90010.1	196442.1	12826.9	86409.4	

在 CGE 模型中参数估计方法有两种：一种是用社会核算矩阵表对参数进行标定；另一种是用计量经济学的方法对参数进行估计，如生产函数、商品贸易函数和消费函数等替代弹性参数。本书的参数是根据已有研究成果来确定的，其中 CET 和 Armington 弹性是根据 Hertel 和 Zhai（2006）对于 53 个部门的估计得出的，结合经验得出本书研究所需的各部门的弹性参数（表 4.4）。

表 4.4　CGE 模型中的参数

部门	CES				CET	Armington 弹性
	σ_i^P	σ_i^{kel}	σ_i^{ke}	σ_i^e		
农业	0.30	0.91	0.30	1.25	3.60	3.02
煤炭	0.30	0.91	0.30	1.25	4.60	3.10
石油	0.30	0.91	0.30	1.25	4.60	3.10
天然气	0.30	0.91	0.30	1.25	4.60	3.10
电力	0.30	0.91	0.30	1.25	4.60	3.10
金属采矿业	0.30	0.91	0.30	1.25	4.60	4.40
非金属采矿业	0.30	0.91	0.30	1.25	4.60	3.10
重工业	0.30	0.91	0.30	1.25	4.60	3.10

部门	CES				CET	Armington 弹性
	σ_i^P	σ_i^{kel}	σ_i^{ke}	σ_i^e		
轻工业	0.30	0.91	0.30	1.25	4.70	3.54
化学工业	0.30	0.91	0.30	1.25	4.67	3.39
建筑业	0.30	0.91	0.30	1.25	4.57	3.12
交通业	0.30	0.91	0.30	1.25	3.80	1.90
服务业	0.30	0.91	0.30	1.25	2.80	1.90

注：σ_i^P 表示第 i 部门中资本-能源-劳动力合成与非能源中间投入合成之间的替代弹性；σ_i^{kel} 表示第 i 部门中资本-能源合成与劳动力之间的替代弹性；σ_i^{ke} 表示第 i 部门中资本与能源合成之间的替代弹性；σ_i^e 表示第 i 部门中各种能源合成之间的替代弹性。

4.4 能源投资对宏观经济的影响

本书模拟能源投资分别增加 20%、40%、60%、80% 和 100% 的情况下，运用 CGE 模型研究能源投资对我国经济和能源消费的影响。本章选取的宏观经济变量指标为总产出、GDP、二氧化碳排放、出口、进口、居民可支配收入、居民消费、固定资本形成总额、存货变动和政府收入。当能源投资作为外生变量在不同的情况下增加时，宏观经济变量将会发生变化。

从表 4.5 可知，随着能源部门投资的增加，总产出在增加。同时，GDP、出口、进口、居民可支配收入、居民消费、固定资本形成总额、存货变动和政府收入等都在增加，由此表明能源投资对我国经济有明显的促进作用。当能源投资增加 20% 时，总产出、GDP、出口、进口、居民可支配收入、居民消费、固定资本形成总额、存货变动和政府收入分别增加 3.40%、3.15%、3.52%、3.62%、3.10%、3.03%、3.42%、2.19% 和 4.25%；当能源投资增加 100% 时，总产出、GDP、出口、进口、居民可支配收入、居民消费、企业收入、存货变动和政府收入分别增加 12.91%、11.98%、13.39%、13.74%、11.78%、11.50%、12.99%、8.33% 和 16.15%。

表 4.5 不同比例的能源投资对宏观经济的影响(%)

宏观经济指标	经济变化程度				
	20%	40%	60%	80%	100%
总产出	3.40	6.79	9.51	11.55	12.91
GDP	3.15	6.30	8.83	10.72	11.98
二氧化碳排放	2.03	4.07	5.69	6.91	7.73
出口	3.52	7.05	9.87	11.98	13.39
进口	3.62	7.23	10.12	12.29	13.74
居民可支配收入	3.10	6.20	8.68	10.54	11.78
居民消费	3.03	6.05	8.47	10.29	11.50
固定资本形成总额	3.42	6.83	9.57	11.62	12.99
存货变动	2.19	4.39	6.14	7.46	8.33
政府收入	4.25	8.50	11.90	14.45	16.15

能源投资的增加有效地拉动了我国的经济增长，在宏观经济变量中，政府收入变化是最大的。随着能源工业部门投资的增加，不同部门的产品价格也会发生变化。当其他变量保持不变时，随着能源部门投资的增加，将导致劳动力的增加，即就业机会的增加，因此，能源投资的增加将会提高收入水平。随着能源部门投资的增加，二氧化碳排放也将增加。当能源投资分别增加20%、40%、60%、80%和100%时，二氧化碳排放分别增加2.03%、4.07%、5.69%、6.91%和7.73%。因此，能源部门投资的增加有利于GDP的增加，同时会增加二氧化碳的排放量，但是二氧化碳排放的增加低于GDP的增加。

4.5 能源投资对部门产出的影响

从表4.6可知，随着能源投资的增加，部门的产出也将增加。当能源投资增加40%时，农业、煤炭、石油、天然气、电力、重工业、轻工业、化学工业、建筑业、交通业和服务业的产出将分别增加3.90%、7.74%、8.90%、10.59%、6.06%、5.05%、5.56%、3.65%、4.18%、4.47%和2.77%；当能源投资增加100%时，农业、煤炭、石油、天然气、电力、重工业、轻工业、化学工业、建筑业、交通业和服务业的产出将分别增加7.41%、14.71%、16.92%、20.11%、11.52%、9.60%、10.57%、6.93%、7.95%、8.49%和5.26%。

表 4.6 不同比例的能源投资对部门产出的影响(%)

部门	产出变化幅度				
	20%	40%	60%	80%	100%
农业	1.95	3.90	5.46	6.63	7.41
煤炭	3.87	7.74	10.84	13.17	14.71
石油	4.45	8.90	12.47	15.14	16.92
天然气	5.29	10.59	14.82	18.00	20.11
电力	3.03	6.06	8.49	10.31	11.52
重工业	2.53	5.05	7.08	8.59	9.60
轻工业	2.78	5.56	7.79	9.46	10.57
化学工业	1.82	3.65	5.11	6.20	6.93
建筑业	2.09	4.18	5.86	7.11	7.95
交通业	2.24	4.47	6.26	7.60	8.49
服务业	1.38	2.77	3.87	4.70	5.26

天然气部门产出增加幅度是最高的，这是因为我国经济的快速增长引起能源消费迅猛增加，当前我国已是第一大能源消费国和二氧化碳排放国，为了抑制全球气候变暖，我国会加大对清洁能源天然气的投资。然后依次是石油、煤炭、电力、轻工业、重工业、交通业、建筑业、农业、化学工业和服务业。

4.6 能源投资对能源消费的影响

从表 4.7 可知,随着能源投资的增加,各个部门的能源消费在逐渐增加。这是因为我国的经济正处于发展阶段,各个部门产出的增加都伴随着能源消费的快速增长。当能源投资增加 40%时,农业、煤炭、石油、天然气、电力、重工业、轻工业、化学工业、建筑业、交通业和服务业的能源消费量将分别增加 0.16%、4.31%、5.02%、6.48%、3.90%、6.46%、2.79%、4.66%、1.92%、3.30%和 2.06%;当能源投资增加 80%时,农业、煤炭、石油、天然气、电力、重工业、轻工业、化学工业、建筑业、交通业和服务业的能源消费量将分别增加 0.28%、7.32%、8.53%、11.01%、6.64%、10.99%、4.74%、7.92%、3.27%、5.62%和 3.51%。

表 4.7 能源投资对能源消费的影响(%)

部门	能源消费量变化幅度				
	20%	40%	60%	80%	100%
农业	0.08	0.16	0.23	0.28	0.31
煤炭	2.15	4.31	6.03	7.32	8.18
石油	2.51	5.02	7.02	8.53	9.53
天然气	3.24	6.48	9.07	11.01	12.30
电力	1.95	3.90	5.47	6.64	7.42
重工业	3.23	6.46	9.05	10.99	12.28
轻工业	1.40	2.79	3.91	4.74	5.30
化学工业	2.33	4.66	6.52	7.92	8.85
建筑业	0.96	1.92	2.69	3.27	3.66
交通业	1.65	3.30	4.63	5.62	6.28
服务业	1.03	2.06	2.89	3.51	3.92

从表 4.7 可知,能源投资将使煤炭、石油和天然气三个行业的能源消费量增加得最快。其中天然气增加最多,当能源投资增加 20%、40%、60%、80%和 100%时,该行业的能源消费量将分别增加 3.24%、6.48%、9.07%、11.01%和 12.30%;其次是石油,当能源投资增加 20%、40%、60%、80%和 100%时,该行业的能源消费量将分别增加 2.51%、5.02%、7.02%、8.53%和 9.53%;再次是煤炭,当能源投资增加 20%、40%、60%、80%和 100%时,该行业的能源消费量将分别增加 2.15%、4.31%、6.03%、7.32%和 8.18%。这表明能源投资对我国的能源消费结构有调整作用。

4.7　本　章　小　结

　　本章首先通过对我国能源投资的现状进行分析，发现电力、蒸汽、热水生产和供应业投资占比最大，其次是石油和天然气开采业、煤炭采选业、石油加工和炼焦业，占比最小的是煤气生产和供应业。然后通过第 3 章介绍的宏观社会核算矩阵平衡方法，采用交叉熵方法对原始的宏观社会核算矩阵进行平衡。其次对 CGE 模型的参数进行设定。最后在能源投资增加 20%、40%、60%、80% 和 100% 的情况下，运用 CGE 模型研究了能源投资对我国宏观经济、部门产出和能源消费的影响。通过研究发现，随着能源部门投资的增加，总产出在增加。同时，GDP、出口、进口、居民可支配收入、居民消费、企业收入、存货变动、政府收入、部门产出和能源消费等都在增加。能源投资的增加不仅有利于 GDP 的增加，同时也会增加二氧化碳的排放量，但是二氧化碳排放的增加低于 GDP 的增加。

第5章　碳减排对我国经济和能源消费的影响

5.1　国外碳税特点

国外碳税主要有差别税率、碳税范围广和税收中性原则三个特点。差别税率是指在征收碳税时，根据能源含碳量和能源使用者的不同而征收不同的碳税，并且在征收碳税时，先实行一个较低的税率，然后逐步提高。其原因主要有三个：一是征收碳税会造成企业成本的增加，差别税率避免了对能源密集型企业过大的冲击；二是让企业在一定的时间内对生产技术和工艺水平进行调整和提高，从而提高能源利用效率；三是鼓励人们使用含碳量较低的燃料，减少对环境的污染。实现差别税率可避免对企业竞争力造成过大的负面影响，从而有利于保障经济增长及得到公众和企业的支持。

国外一般对煤炭、石油和天然气等矿物燃料进行征税。虽然碳税征收的范围比较广泛，但同时会增加税收优惠措施。优惠措施主要体现在三个方面，一是对能源密集型行业征收较低的碳税或者实行税收返还制度；二是把通过碳税取得的税收补偿给低收入者；三是对于努力提高技术水平以减少二氧化碳排放的企业给予减免碳税。税收中性原则是指征收碳税不能对公众和企业的生产和消费造成负面影响，在征收碳税的同时需要实行补偿措施。

5.2　碳减排对宏观经济的影响

目前我国是第一大二氧化碳排放国，为了减少二氧化碳排放，本书从二氧化碳减排的角度来分析碳税的影响，运用 CGE 模型模拟分析在总二氧化碳不同减排情况下对宏观经济、居民福利、能源消费量和消费结构、分部门能源消费的影响。具体地，分别对二氧化碳减排 5%、10%、20%、30%、40% 和 50% 的情况进行分析。

本章选取总产出、GDP、进口、出口、企业收入、居民可支配收入和政府收入作为主要宏观经济指标。征收碳税的经济效应包括正效应和负效应两个方面。正效应是指政府通过对化石能源征收碳税增加政府的收入，从而可以扩大投资规模，对经济增长产生正效应；负效应是指征收碳税会增加企业的生产成本，提高相关产品的价格，会对经济产生负面影响。碳税的最终影响取决于两种效应的大小，当正效应大于负效应时，就会对经济产生促进作用，反之对经济产生抑制作用。

由表 5.1 可以看出，二氧化碳的减排目标越大，所需要征收的碳税越高，并且减排的成本是递增的。当减排 5%、10%、20%、30%、40% 和 50% 时，碳税的价格分别为 6.12 美元/t、12.08 美元/t、23.62 美元/t、30.79 美元/t、35.93 美元/t 和 40.31 美元/t。随着减排目标的提高，总产出下降幅度由 0.09% 增加到 0.52%；GDP 的损失率从 0.65% 增大到 3.86%。同时，企业收入和居民可支配收入都有所降低，当二氧化碳减排达到 20% 时，企业收入和居民可支配收入分别降低了 2.55%和 2.21%；当二氧化碳减排达到 50%时，企业收入和居民可支配收入分别降低了 3.61%和 3.56%。但碳减排对政府收入、进口和出口有正面的影响。这是因为政府增加了碳税收入。本书征收碳税的对象是国内消费的煤炭、石油和天然气等化石能源，对于出口的化石能源不征碳税。当二氧化碳减排达到 20%时，政府收入、进口和出口分别增加了 3.84%、1.35%和 0.93%。当二氧化碳减排达到 50%时，政府收入、进口和出口分别增加了 4.89%、3.12%和 2.36%。由此表明，征收碳税对我国的经济有负面影响，但并不是灾难性的。

表 5.1   不同模拟情景下二氧化碳减排的宏观结果

宏观经济指标	5%	10%	20%	30%	40%	50%
总产出/%	−0.09	−0.17	−0.30	−0.41	−0.48	−0.52
GDP/%	−0.65	−1.28	−2.14	−2.95	−3.37	−3.86
进口/%	0.41	0.78	1.35	2.17	2.65	3.12
出口/%	0.26	0.50	0.93	1.52	1.91	2.36
企业收入/%	−0.80	−1.57	−2.55	−3.02	−3.34	−3.61
居民可支配收入/%	−0.71	−1.39	−2.21	−2.96	−3.27	−3.56
政府收入/%	1.58	3.01	3.84	4.29	4.57	4.89
碳税价格/(美元/t)	6.12	12.08	23.62	30.79	35.93	40.31

5.3   碳减排对居民福利的影响

用来衡量居民福利的指标很多，本书采用希克斯等价变动(Hicksian equivalent variation)指标来测算征收碳税对居民福利的影响。表 5.2 给出了希克斯等价变动指标的变化情况，可以看出农村居民福利和城镇居民福利都有所下降，即征收碳税对居民福利造成了负面影响。主要原因是征收碳税会提高大部分企业的生产成本，导致多数产品价格上升；但是企业增加的成本会转嫁给消费者，这会造成居民福利的损失。因此，为了减少居民的损失，政府将通过征收碳税获得的税收收入补偿给居民，从而有利于保障我国的经济增长和得到公众的支持。

表 5.2   碳减排对居民福利的影响

类别	5%	10%	20%	30%	40%	50%
农村居民福利变动	−0.13	−0.28	−0.51	−0.79	−1.08	−1.29
城镇居民福利变动	−0.25	−0.61	−1.35	−1.82	−2.16	−2.67

5.4 碳减排对能源消费量和消费结构的影响

从表 5.3 可知，征收碳税引起了我国能源消费结构的变化。随着碳减排的不断增加，我国的能源消费总量在逐渐减少，减少的幅度由 1.98%增加到 15.38%。其中，煤炭消费下降的幅度最大，碳减排为 5%、10%、20%、30%、40%和 50% 时，煤炭的消费分别降低了 8.61%、16.20%、26.52%、34.23%、40.58%和 45.81%；相应地，石油消费也分别降低了 3.59%、8.02%、14.68%、20.75%、23.36%和 28.61%。但是，随着碳减排的不断增加，天然气和电力的消费却在逐渐增加，天然气增加的幅度由 3.22%上升到 28.94%；相比于天然气，电力的增加幅度较小，从 1.93%增加到 19.24%。由此可见，征收碳税将会引起我国能源消费总量的减少和能源消费结构的变化，即含碳低或者不含碳的天然气和电力等清洁能源替代了含碳量高的能源(煤炭和石油)。

表 5.3 碳减排对我国能源消费的影响

能源	5%	10%	20%	30%	40%	50%
煤炭	-8.61	-16.20	-26.52	-34.23	-40.58	-45.81
石油	-3.59	-8.02	-14.68	-20.75	-23.36	-28.61
天然气	3.22	6.51	11.98	16.68	22.52	28.94
电力	1.93	4.06	7.95	11.14	15.67	19.24
能源消费总量	-1.98	-4.06	-7.95	-10.35	-14.29	-15.38

从表 5.4 和表 5.5 可知，当征收碳税时，农村居民和城镇居民减少了对煤炭、石油、天然气和电力的消费。但是，二者的减少幅度不同，即农村居民减少能源消费的幅度大于城镇居民。当碳减排为 20%时，农村居民对煤炭、石油、天然气和电力的消费分别降低了2.21%、1.39%、0.68%和 0.35%；城镇居民分别降低了 1.39%、0.58%、0.21%和 0.15%。当碳减排为 50%时，农村居民对煤炭、石油、天然气和电力的消费分别降低了 3.24%、2.10%、1.32%和 0.71%；城镇居民分别降低了 2.11%、0.86%、0.35%和 0.31%。这主要是因为农村居民和城镇居民的能源需求不同，能源支出在农村居民的总支出中占比较大，农村居民对能源价格的敏感程度要大于城镇居民。

表 5.4 碳减排对农村居民能源消费的影响

能源	5%	10%	20%	30%	40%	50%
煤炭	-1.12	-1.76	-2.21	-2.53	-2.97	-3.24
石油	-0.91	-1.21	-1.39	-1.65	-1.88	-2.10
天然气	-0.22	-0.45	-0.68	-0.92	-1.16	-1.32
电力	-0.13	-0.23	-0.35	-0.48	-0.60	-0.71

表 5.5　碳减排对城镇居民能源消费的影响

能源	5%	10%	20%	30%	40%	50%
煤炭	−0.71	−1.03	−1.39	−1.65	−1.92	−2.11
石油	−0.32	−0.45	−0.58	−0.70	−0.79	−0.86
天然气	−0.10	−0.16	−0.21	−0.27	−0.31	−0.35
电力	−0.06	−0.10	−0.15	−0.19	−0.26	−0.31

5.5　碳减排对分部门能源消费的影响

5.5.1　碳减排对煤炭消费的影响

从表 5.6 可以看出，随着碳减排幅度的逐渐提高，农业、煤炭、石油、天然气、电力、重工业、轻工业、化学工业、建筑业、交通业和服务业 11 个生产部门对煤炭的消费在逐渐地降低。当碳减排为 20% 时，农业、煤炭、石油、天然气、电力、重工业、轻工业、化学工业、建筑业、交通业和服务业对煤炭消费分别减少了 19.02%、38.54%、30.11%、13.21%、21.62%、28.02%、16.03%、20.09%、22.19%、24.37% 和 17.23%；相应地，当碳减排为 40% 时，对煤炭的消费分别减少了 34.03%、56.21%、48.73%、27.43%、37.58%、41.87%、30.98%、36.07%、37.16%、38.29% 和 30.02%。

表 5.6　碳减排对煤炭消费的影响（%）

部门	5%	10%	20%	30%	40%	50%
农业	−5.12	−10.11	−19.02	−28.13	−34.03	−39.87
煤炭	−10.09	−20.15	−38.54	−48.65	−56.21	−60.23
石油	−8.72	−16.25	−30.11	−40.02	−48.73	−53.29
天然气	−3.97	−7.86	−13.21	−21.09	−27.43	−31.26
电力	−6.10	−11.78	−21.62	−30.85	−37.58	−42.27
重工业	−7.63	−15.21	−28.02	−36.03	−41.87	−46.38
轻工业	−4.87	−9.16	−16.03	−24.23	−30.98	−35.42
化学工业	−5.95	−11.23	−20.09	−29.11	−36.07	−40.19
建筑业	−6.21	−12.31	−22.19	−31.75	−37.16	−42.88
交通业	−7.08	−14.22	−24.37	−32.87	−38.29	−45.10
服务业	−4.87	−9.25	−17.23	−24.12	−30.02	−35.13

随着碳减排的增加，受影响最大的是煤炭部门，当碳减排为 5%、10%、20%、30%、40% 和 50% 时，煤炭部门对煤炭的消费分别减少了 10.09%、20.15%、38.54%、48.65%、56.21% 和 60.23%。当碳减排达到 30% 时，11 个部门对煤炭的消费均减少了 21% 以上；当碳减排达到 40% 时，11 个部门对煤炭的消费均减少 27% 以上。

5.5.2　碳减排对石油消费的影响

从表 5.7 可知，当碳减排从 5%增加到 50%时，11 个部门中，除了电力部门，其余 10 个部门对石油的消费均呈现下降的趋势。当碳减排为 5%时，农业、煤炭、石油、天然气、重工业、轻工业、化学工业、建筑业、交通业和服务业对石油的消费分别减少了 1.12%、5.15%、2.01%、0.19%、1.21%、0.47%、0.54%、0.21%、1.01%、和 0.29%；相应地，当碳减排为 50%时，对石油的消费分别减少了 8.02%、34.22%、20.07%、2.10%、7.13%、3.12%、3.09%、1.01%、5.68%和 3.21%。但是电力对石油的消费是增加的，由 1.19%增加到 7.98%。

表 5.7　碳减排对石油消费的影响(%)

部门	5%	10%	20%	30%	40%	50%
农业	−1.12	−2.21	−4.21	−6.09	−7.21	−8.02
煤炭	−5.15	−10.23	−17.21	−25.12	−30.01	−34.22
石油	−2.01	−4.10	−7.11	−12.35	−16.03	−20.07
天然气	−0.19	−0.39	−0.72	−1.21	−1.72	−2.10
电力	1.19	2.32	4.12	6.18	7.13	7.98
重工业	−1.21	−2.25	−4.02	−5.19	−6.21	−7.13
轻工业	−0.47	−0.91	−1.62	−2.19	−2.63	−3.12
化学工业	−0.54	−1.03	−1.72	−2.34	−2.72	−3.09
建筑业	−0.21	−0.43	−0.69	−0.81	−0.92	−1.01
交通业	−1.01	−2.00	−3.72	−4.69	−5.23	−5.68
服务业	−0.29	−0.57	−1.02	−1.91	−2.57	−3.21

5.5.3　碳减排对天然气消费的影响

从表 5.8 可以发现，煤炭部门对天然气的消费是减少的，并且减少的幅度比较大，当碳减排为 5%、10%、20%、30%、40%和 50%时，煤炭部门对天然气的消费减少的幅度分别是 3.12%、6.09%、10.12%、15.09%、20.11%和 24.23%。其余 10 个部门对天然气的消费是增加的，其中电力部门对天然气的消费增加的幅度最大，当减排为 5%、10%、20%、30%、40%和 50%时，电力部门对天然气的消费分别增加 4.07%、7.90%、12.76%、17.27%、21.42%和 25.01%；天然气、重工业、轻工业、交通业和服务业 5 个部门对天然气的消费也有较大幅度的增加，当碳减排达到 40%时，这 5 个部门对天然气消费增加的幅度都在 8%以上，最高达到 21.24%。石油和化学工业两个部门对天然气消费的增加幅度相对较低，当碳减排达到 50%时，两个部门分别增加了 6.32%和 6.10%，增幅最低的是农业和建筑业，当碳减排为 30%时，增幅分别为 0.13%和 0.71%。

表 5.8　碳减排对天然气消费的影响(%)

部门	5%	10%	20%	30%	40%	50%
农业	0.02	0.04	0.08	0.13	0.17	0.20
煤炭	-3.12	-6.09	-10.12	-15.09	-20.11	-24.23
石油	0.71	1.42	2.61	4.01	5.19	6.32
天然气	1.92	3.98	6.25	7.87	8.62	9.43
电力	4.07	7.90	12.76	17.27	21.42	25.01
重工业	2.18	5.09	9.11	15.63	21.24	25.22
轻工业	1.65	3.21	6.56	8.07	9.14	10.21
化学工业	0.89	1.62	3.23	4.89	5.62	6.10
建筑业	0.15	0.29	0.56	0.71	0.83	0.91
交通业	1.75	3.42	6.46	8.91	10.08	11.12
服务业	2.62	5.05	8.98	12.67	14.23	16.10

5.5.4　碳减排对电力消费的影响

由表 5.9 可以发现,随着碳减排的增加,农业、天然气、电力、重工业、轻工业、化学工业、建筑业和服务业 8 个部门增加了电力消费。其中,电力消费增加幅度最大的是电力部门,当碳减排为 5%、10%、20%、30%、40% 和 50% 时,电力部门的电力消费增加幅度分别是 2.84%、5.62%、10.08%、16.65%、22.03% 和 27.21%;其次是重工业部门,当碳减排为 20% 时,电力消费增加了 4.29%,当碳减排为 50% 时,增加了 7.19%;建筑业和天然气部门电力消费增加的幅度比较接近,当碳减排为 40% 时,这两个部门分别增加 6.08% 和 5.23%;农业、轻工业、化学工业和服务业电力消费的增幅相对较低,当碳减排为 30% 时,这四个部门电力消费的增幅分别为 1.87%、5.02%、1.36% 和 2.18%。

但是煤炭、石油和交通业减少了电力消费。其中煤炭部门电力消费的下降幅度最大,当碳减排为 5%、10%、20%、30%、40% 和 50% 时,煤炭部门的电力消费减少幅度分别是 3.97%、7.97%、13.82%、19.56%、24.08% 和 28.72%;其次是石油部门,当碳减排为 5%、10%、20%、30%、40% 和 50% 时,石油部门的电力消费减少幅度分别为 1.28%、2.61%、4.61%、6.08%、7.10% 和 7.92%;相比煤炭和石油部门,交通部门的降幅比较低,当碳减排为 50% 时,仅仅降低了 2.07%。

表 5.9　碳减排对电力消费的影响(%)

部门	5%	10%	20%	30%	40%	50%
农业	0.29	0.57	1.04	1.87	2.67	3.13
煤炭	-3.97	-7.97	-13.82	-19.56	-24.08	-28.72

续表

部门	5%	10%	20%	30%	40%	50%
石油	−1.28	−2.61	−4.61	−6.08	−7.10	−7.92
天然气	1.02	2.11	3.54	4.39	5.23	6.01
电力	2.84	5.62	10.08	16.65	22.03	27.21
重工业	1.31	2.53	4.29	5.59	6.34	7.19
轻工业	0.76	1.53	2.81	5.02	6.10	7.01
化学工业	0.21	0.39	0.81	1.36	1.94	2.51
建筑业	1.09	2.21	4.03	5.19	6.08	6.97
交通业	−0.23	−0.44	−0.76	−1.27	−1.89	−2.07
服务业	0.42	0.79	1.51	2.18	2.92	3.50

5.6 本 章 小 结

本章首先从公共物品理论、外部性理论和双重红利理论三个方面分析了碳税的理论，然后分析了国外碳税的特点，最后运用 CGE 模型分别模拟了碳减排 5%、10%、20%、30%、40% 和 50% 对我国经济和能源消费的影响。研究结果表明，随着碳减排的增加，宏观经济变量总产出、GDP、企业收入和家庭收入都有不同程度的下降，但是进出口和政府收入在增加；农村居民福利和城镇居民福利都有下降，即征收碳税对居民福利造成负面影响；能源消费总量在逐渐降低，其中煤炭和石油消费量在减少，天然气和电力消费量呈增长趋势，征收碳税将会引起我国能源消费总量的减少和能源消费结构的变化，即含碳低或者不含碳的天然气和电力等清洁能源替代了含碳量高的能源(煤炭和石油)。

第6章　我国能源消费预测

6.1　我国能源消费现状

我国经济的快速发展带动能源消费的迅速增长，目前我国已经超过美国，成为第一大能源消费国。从表 6.1 可知，我国能源消费总量由 1995 年的 903.49MTOE 上升到 2017 年的 3132.1MTOE，增长了近 4 倍。其中，煤炭消费量由 1995 年的 669.09MTOE 增加到 2017 年的 1892.60MTOE；石油消费量由 1995 年的 169.77MTOE 增加到 2017 年的 608.40MTOE；天然气消费量由 1995 年的 17.77MTOE 增加到 2017 年的 206.70MTOE；水电消费量由 1995 年的 43.13MTOE 增加到 2017 年的 261.50MTOE；其他可再生能源消费由 1995 年的 0.83MTOE 增加到 2017 年的 106.70MTOE。从整体上看，除少数年份外，我国能源消费呈现平稳增长。受 1997 年亚洲金融危机以及国家对小煤矿关停整顿等政策的影响，在 1997 年我国能源消费出现缓慢增长，同比增长仅为 1.8%；甚至在 1998 年出现了能源消费量的下降。但进入 21 世纪以来，特别是加入世界贸易组织之后，我国经济全球化进程加速，加之工业化和城镇化进程的快速推进，我国的能源消费出现超高速增长。

表 6.1　我国的能源消费量　　　　　　　　　　（单位：MTOE）

年份	石油	煤炭	天然气	核能	水电	其他	总和
1995	169.77	669.09	17.77	2.90	43.13	0.83	903.49
1996	185.04	681.54	20.54	3.25	42.54	0.36	933.27
1997	203.22	676.14	22.75	3.26	44.35	0.67	950.39
1998	205.98	656.37	23.27	3.19	47.07	0.65	936.53
1999	218.64	676.72	24.81	3.38	46.13	0.68	970.36
2000	233.93	682.90	27.50	3.79	50.34	0.72	999.18
2001	240.18	697.70	30.46	3.95	62.79	0.75	1035.83
2002	260.41	733.72	32.06	5.69	65.17	0.78	1097.83
2003	284.72	874.75	35.76	9.81	64.20	0.82	1270.06
2004	334.25	1026.46	42.34	11.42	80.00	0.88	1495.35
2005	341.67	1134.98	49.44	12.01	89.84	1.06	1629.00
2006	366.25	1257.41	59.08	12.41	98.61	1.46	1795.22
2007	385.42	1327.80	73.27	14.06	109.80	1.86	1912.21
2008	390.66	1376.15	84.47	15.48	132.41	3.61	2002.78
2009	404.78	1478.24	92.60	15.87	139.30	6.94	2137.73
2010	455.69	1616.09	110.77	16.72	163.42	14.11	2376.80
2011	477.49	1768.50	133.58	19.54	158.15	25.43	2582.69
2012	501.61	1880.91	146.65	22.04	194.79	31.90	2777.90

年份	石油	煤炭	天然气	核能	水电	其他	总和
2013	525.12	1933.07	147.83	25.03	206.28	42.92	2880.25
2014	520.30	1962.40	166.90	28.60	240.80	53.10	2972.10
2015	559.70	1920.40	177.60	38.60	254.90	62.70	3013.90
2016	587.00	1889.10	180.10	48.30	261.00	81.70	3047.20
2017	608.40	1892.60	206.70	56.20	261.50	106.70	3132.10

注：其他指太阳能、风能、生物质能等其他可再生能源。

由图 6.1 可以看出，煤炭消费占总能源的消费比例从 1995 年的 74.06%下降至 2017 年的 60.43%。1995～2002 年，煤炭消费的比重在缓慢下降，但是 2002 年之后，由于经济发展速度加快、国际油价持续上涨等因素，国内能源需求持续快速增长，致使煤炭在一次能源消费结构中的份额略有回升。从总体上看，虽然煤炭消费占比总体上呈下降趋势，但我国能源消费结构仍然以煤炭消费为重心。

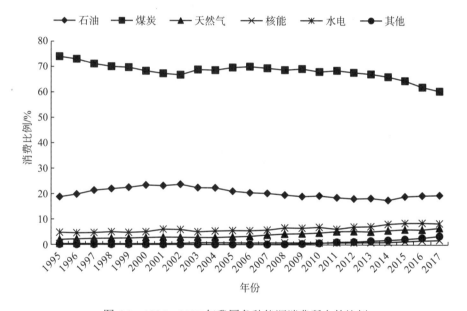

图 6.1　1995～2017 年我国各种能源消费所占的比例

石油消费的增长速度低于能源消费总量的增长速度。在 1995～2017 年，石油消费在能源消费总量中所占比重先上升后下降。在 1995～2002 年，石油消费比重由 1995 年的 18.79%上升到 2002 年的 23.72%。随着全球石油资源紧张以及国际原油价格上涨，我国石油消费比重呈现出下降的趋势，在 2017 年下降到 19.42%。天然气消费比重呈现稳步上升势头，在 1995 年，我国天然气消费所占比重为 1.97%，2017 年其比重达到 6.6%的水平。核能由 1995 年的 0.32%上升到 2017 年的 1.79%。水电及其他清洁能源消费所占比重由 1995 年的 4.87%提升至 2017 年的 11.76%。

6.2 能源消费的预测原理

能源消费变化有其自身的规律，在对我国能源消费进行预测之前，对预测的基本原理进行总结，从而提高预测精度。能源消费预测原理主要包括可知性原理、连续性原理、系统性原理、相似性原理和反馈性原理。可知性原理是指人们可以通过历史数据和经验，认知未来事物的发展规律和趋势。连续性原理是指事物在发展的过程中遵循一定规律，并且从长远看这个规律会一直持续下去，不会因人为因素而中断。系统性原理是指系统的发展与其各个组成部分之间有着紧密的联系。只有当系统整体达到最佳的状态时，才能提高预测的准确性。相似性原理是指世界客观事物之间既存在不同，也存在很多相似的地方，可以根据事物的相似性原理推断未来事物的发展情况。反馈性原理是指先根据历史数据构建预测模型，然后用预测模型的预测值与实际值做比较，以此来检验模型的有效性。

6.3 我国能源消费的影响因素

能源消费系统是一个复杂的消费系统，影响该系统的因素有很多。本书主要从人口规模、经济增长、产业结构、能源消费结构和对外贸易五个方面分析。

人口规模是衡量能源消费的传统因素。研究认为人口增长会引起能源消费的增加。我国人口众多，截至 2020 年底，我国人口数量已经达到 14.1 亿人，其中城镇人口已经达到 90199 万人，占总人口的比重为 63.97%。由于城镇人口与农村人口在生产和生活方式方面有较大差异，随着城镇人口的增加，能源消费将会持续增长。因此，在考虑能源消费的影响因素时，这一因素便显得尤为重要。

经济增长从两个方面影响能源消费。一是在我国经济增长的过程中，城镇化率逐渐提高，即城镇人口在增加；在城镇化过程中，由于生活方式发生变化，城镇人口的能源消费将高于农村人口，因此能源消费将逐渐增加。二是伴随着经济增长，工业化程度越来越高，工业的能源消费远高于农业的能源消费，从而导致能源消费增长。从表 6.2 可知，1978～1990 年，我国国内生产总值平均增速为 9.28%；1991～2000 年为 10.45%，2001～2019 年为 8.68%，2014 年为 8.7%。

表 6.2 1978～2019 年我国经济增长率

年份	增长率/%	年份	增长率/%	年份	增长率/%
1978	11.70	1992	14.20	2006	11.10
1979	7.60	1993	14.00	2007	11.40
1980	7.80	1994	13.10	2008	9.00
1981	5.20	1995	10.90	2009	8.70
1982	9.10	1996	10.00	2010	10.30
1983	10.90	1997	9.30	2011	9.20
1984	15.20	1998	7.80	2012	7.80

续表

年份	增长率/%	年份	增长率/%	年份	增长率/%
1985	13.50	1999	7.60	2013	7.70
1986	8.80	2000	8.40	2014	8.70
1987	11.60	2001	8.30	2015	6.91
1988	11.30	2002	9.10	2016	6.74
1989	4.10	2003	10.00	2017	6.76
1990	3.80	2004	10.10	2018	6.57
1991	9.20	2005	10.40	2019	6.10

　　不同产业的能源需求是不同的,产业结构的转变在影响我国能源消费系统的因素中占据着重要位置。自中华人民共和国成立以来,我国的产业结构在不断升级。目前,我国经济正经历农业工业向服务业转轨的阶段,会增加对能源的消费,其中工业为能源消费的主要行业,占能源消费总量的 70%以上。因此,随着产业结构改变,工业在能源消费总量上的占比逐渐下降,将会对我国能源消费造成重要影响。

　　由于我国有丰富的煤炭资源并且能源价格受到政府管制,煤炭价格偏低,在我国的能源消费结构中,煤炭资源占据较大的比重,1995 年为 74.06%,以后逐年下降,但是在 2013 年仍为 67.11%。与天然气、石油和水电相比,煤炭的利用效率相对较低。因此,随着能源消费结构改变,煤炭消费的比重逐渐降低,这将对我国能源消费造成重要影响。

　　对外贸易方面,在 2014 年,我国进出口总值为 26.43 万亿元,同比增长 2.3%,其中出口为 14.39 万亿元,增长 4.9%,进口为 12.04 万亿元,下降 0.6%,贸易顺差为 2.35 万亿元,扩大 45.9%。在剔除 2013 年套利贸易垫高基数因素后,全国进出口同比实际增长 6.1%,出口增长 8.7%,进口增长 3.3%。对外贸易的扩大加大了我国自身的能源消费,直接或者间接地出口了大量的能源,加剧了我国能源需求紧张的状况。目前,我国已经成为世界第一大能源消费国。此外,能源价格也是影响能源消费的重要因素,但是由于相关原因,能源价格没有纳入本书研究的范畴。

6.4　贝叶斯模型平均组合预测方法

　　贝叶斯模型平均(Bayesian model averaging,BMA)是指以后验概率作为权重对所选择的单项预测模型进行加权平均,其中模型的后验概率是指预测模型对实际过程的拟合度。自 Harrison 和 Stevens(1976)首次提出贝叶斯模型平均组合预测方法以来,贝叶斯模型平均组合预测被运用到很多领域,如水文预测、天气预测和汇率预测等。

　　假设 y 为预测变量, $F = \{f_1, f_2, \cdots, f_k\}$ 表示单项模型组成的集合；D 表示已知的数据集合。因此,预测变量 y 的后验分布为

$$p(y \mid f_1, f_2, \cdots, f_k, D) = \sum_{k=1}^{K} p(y \mid f_k, D) p(f_k \mid D) \tag{6.1}$$

式中, $p(y \mid f_k, D)$ 表示在给定数据 D 和模型 f_k 的情况下,预测变量 y 的后验分布；$p(f_k \mid D)$

表示给定数据下模型 f_k 的后验概率。

$$p(f_k|D) = \frac{p(f_k)p(D|f_k)}{\sum_{j=1}^{K} p(f_j)p(D|f_j)} \tag{6.2}$$

式中，$p(f_k)$ 表示模型的先验概率；$p(D|f_k)$ 是模型 f_k 的边际似然函数。

$$p(D|f_k) = \int p(D|\theta_k, f_k) p(\theta_k|f_k) \mathrm{d}\theta_k \tag{6.3}$$

式中，$p(\theta_k|f_k)$ 是参数 θ_k 的先验密度函数；$p(D|\theta_k, f_k)$ 表示数据 D 的似然函数。

因此，对式 (6.1) 两边同时取期望，可得贝叶斯模型平均组合预测公式如下：

$$E_{\mathrm{BMA}}(y|D) = \sum_{k=1}^{K} p(f_k|D) E\left[p_k(y|f_k, D)\right] = \sum_{k=1}^{K} w_k f_k \tag{6.4}$$

从式 (6.4) 可知，单项模型的权重计算是关键。本书分别采用马尔可夫链蒙特卡洛 (MCMC) 方法、赤池信息量准则 (AIC)、贝叶斯信息准则 (BIC) 和期望最大化 (EM) 方法计算权重。

6.5   模型后验概率计算

6.5.1   MCMC 方法计算权重

由式 (6.2) 可知，边际似然是计算模型后验概率的关键。但边际似然函数是含有隐变量的复杂积分，计算非常困难。因此，本书采用的是用马尔可夫链蒙特卡洛模拟数值积分方法来解决这一关键问题。MCMC 方法计算边际似然的原理是首先构建平稳分布的马尔可夫链，然后将通过多次迭代后得到的样本用于边际似然的计算。

MCMC 方法最核心的问题是转移核的构造。目前，吉布斯 (Gibbs) 抽样法和梅特罗波利斯-黑斯廷斯 (Metropolis-Hastings) 算法是最常用的两种方法。为了能保证马尔可夫链收敛时是全局最优，本书采用微分进化自适应 Metropolis 算法来构造 MCMC 的转移核。微分进化自适应 Metropolis 算法是指把微分进化的优点用在 Metropolis 算法上，该方法的优点是多条链同时进行搜索，并且可以处理复杂、非线性和多峰分布问题。

1. 微分进化自适应 Metropolis 算法

自适应 Metropolis 算法是对 MCMC 方法的改进，该方法的优点是不用在开始就确定提议分布，提议分布可由协方差来计算。

微分进化算法具有收敛速度快、可调参数少和算法简单等特点。微分进化自适应 Metropolis 算法结合了微分进化算法和自适应 Metropolis 算法的优点。微分进化自适应 Metropolis 算法有 N 条不同的链，并且同时进行搜索。

$$\vartheta^i = \theta^i + \gamma(\delta)\sum_{j=1}^{\delta} \theta^{r(j)} - \gamma(\delta)\sum_{n=1}^{\delta} \theta^{r(n)} + e \tag{6.5}$$

式中，δ 表示迭代次数，且 $r(j), r(n) \in \{1, \cdots, N-1\}$，$r(j) \neq r(n)$；根据随机游走梅特罗波

利斯(random walk Metropolis)运算法则，$\gamma = 2.4 / \sqrt{2\delta d}$；$\vartheta^i$ 为采样比率。

MCMC 收敛状态下产生的样本才能用于似然函数的计算。本书采用方差比法来判断 MCMC 是否达到收敛(Gelman and Rubin，1992)。其步骤如下。

假设在 MCMC 中包含 m 条链，每条链迭代 $2n$ 次。

第一步，计算 $\dfrac{B}{n}$：

$$\frac{B}{n} = \frac{1}{m-1} \sum_{i=1}^{m} (\theta_i - \theta)^2, \theta_i = \frac{1}{n} \sum_{t=n+1}^{2n} \theta_i^t, \quad \theta = \frac{1}{m} \sum_{i=1}^{m} \theta_i \tag{6.6}$$

式中，B 表示所有链的方差均值；θ 表示参数。

第二步，计算 W：

$$W = \frac{1}{m} \sum_{i=1}^{m} S_i^2, \quad S_i^2 = \frac{1}{n-1} \sum_{t=n+1}^{2n} \left(\theta_i^t - \theta_i\right)^2 \tag{6.7}$$

式中，W 表示链内波动值，即链内变异的平均水平。

第三步，计算 V：

$$V = \frac{n-1}{n} W + \left(1 + \frac{1}{m}\right) \frac{B}{n} \tag{6.8}$$

第四步，计算 R：

$$R = K \frac{V}{M} (K 为校正项) \tag{6.9}$$

式中，若 R 取值接近于 1，表示 MCMC 收敛，否则需要进行迭代。

2. 计算边际似然

通过 MCMC 的抽样方法得到参数的样本后，用调和均值的方法来计算边际似然函数。假定各个模型是独立的，式(6.3)的边际似然可以转化为

$$I = \int p(D|\theta_k) p(\theta_k) \mathrm{d}\theta_k \tag{6.10}$$

式中，$p(\theta_k)$ 是参数 θ_k 的先验概率。

假设 $g(\theta_k) = p(D|\theta_k)$，根据重要样本理论和蒙特卡洛积分，采用调和均值的方法计算边际似然函数。

$$p(D|f_k) = \left\{ \frac{1}{T} \sum_{i=1}^{T} \frac{1}{p\left(D|\theta_{ik}, f_k\right)} \right\}^{-1} \tag{6.11}$$

式中，$p(D|\theta_k, f_k)$ 是数据 D 的似然函数；T 表示样本总数。

从式(6.3)可发现，似然函数是计算边际似然的关键。

(1)若模型是线性模型，则第 i 个模型为

$$y = X_i \beta_i + \varepsilon_i \tag{6.12}$$

式中，$y = (y_1, y_2, \cdots, y_T)'$；参数向量 $\beta_i = (\beta_1, \beta_2, \cdots, \beta_{pi})'$；$\varepsilon_i$ 表示随机误差项，$\varepsilon_i \sim N(0, \sigma^2)$；$\theta_i = (\beta_i, \sigma^2)'$。

$$X_i = \begin{bmatrix} 1 & x_{11} & x_{12} & \cdots & x_{1pi} \\ 1 & x_{21} & x_{22} & \cdots & x_{2pi} \\ \vdots & \vdots & \vdots & & \vdots \\ 1 & x_{T1} & x_{T2} & \cdots & x_{Tpi} \end{bmatrix} \tag{6.13}$$

假定 $p(f_i) = \dfrac{1}{n}$；β_i 的先验分布是伽马分布，$\beta_i \sim N(\overline{\beta}_i, \phi\sigma^2)$。则其似然函数为

$$p(D \mid f_i) = \frac{1}{2} \frac{\Gamma(T/2)}{\pi^{T/2}} (1+\phi)^{-p_i/2} S_i^{-T} \tag{6.14}$$

式中，$S_i^2 = (y - X_i\overline{\beta}_i)'(y - X_i\overline{\beta}_i) - (y - X_i\overline{\beta}_i)'X_i(X_i'X_i)^{-1}(y - X_i\overline{\beta}_i)\dfrac{\phi}{1+\phi}$；$T$ 表示样本总

数；ϕ 可以对先验进行调整，若 $\phi = 0$，则 $P(D \mid f_i) = \dfrac{1}{n}$。

(2)若模型是非线性的回归模型：

$$y_i = f(X_i, \gamma) + \varepsilon_i \tag{6.15}$$

式中，$f(X_i, \gamma)$ 表示已知的回归函数；ε_i 是随机误差项，$\varepsilon \sim N(0, hI_N)$；$X \in R^P$，$\gamma \in R^P$ 表示未知参数。

假设 $Y = (Y_1, Y_2, \ldots Y_k)'$ 是一个 k 维空间向量，且满足 $Y \sim N(\mu, \Sigma)$。则其似然函数为

$$f_N(y \mid \mu, \Sigma) = \frac{1}{2\pi^{k/2}} |\Sigma|^{-1/2} \exp[-\frac{1}{2}(y-\mu)'\Sigma^{-1}(y-\mu)] \tag{6.16}$$

式中，μ 表示均值；Σ 表示协方差矩阵。当 $k=1$、$\mu=0$ 和 $\Sigma=1$ 时，式(6.16)表示标准正态分布。

根据多元正态分布定理，可得模型的似然函数为

$$p(y \mid \gamma, h) = \frac{h^{N/2}}{2\pi^{N/2}} \exp\left(-\frac{h}{2}[y - f(X, \gamma)]'\{y - f(X, \gamma)]\right) \tag{6.17}$$

3. 计算模型的后验概率

$$S_k = \frac{1}{T} \sum_{i=1}^{T} \frac{1}{p(D \mid \theta_{ik}, f_k)} = \frac{1}{T} \sum_{i=1}^{T} R_{ik} \tag{6.18}$$

$$\log(R_{ik}) = \log\left\{\left[p(D \mid \theta_{ik}, f_k)\right]^{-1}\right\} \tag{6.19}$$

若添加一个虚拟变量 $C_{\max}$，则有

$$S_k = \frac{1}{T} \sum_{i=1}^{T} R_{ik} = \frac{1}{T} \sum_{i=1}^{T} \exp\left[\log(R_{ik} - C_{\max})\right]\exp(C_{\max}) \tag{6.20}$$

$$\log(S_k) = \log\left\{\frac{1}{T} \sum_{i=1}^{T} \exp\left[\log(R_{ik} - C_{\max})\right]\right\} + C_{\max} \tag{6.21}$$

从而

$$\log\left[P(D \mid f_k)\right] = -\log(S_k) \tag{6.22}$$

因此，根据式(6.21)和式(6.22)，模型的后验概率为

$$P\left(f_k \middle| D\right) = \frac{\exp\left[-\log\left(S_k\right)\right]}{\sum\limits_{j=1}^{J}\left[-\log\left(S_j\right)\right]} = \frac{\exp\left[-\log\left(S_k\right) - C_{\max}\right]}{\sum\limits_{j=1}^{J}\left[-\log\left(S_j\right) - C_{\max}\right]} \tag{6.23}$$

6.5.2 三种方法计算权重

1. 贝叶斯信息准则

贝叶斯信息准则是一种近似估计权重方法，当已知样本数据比较大时，采用该方法比较可靠。该方法的优点是计算比较简单，缺点是精度不高(Kass and Wasserman，1995)。贝叶斯信息准则定义如下。

$$\text{BIC} = \log L\left(D \middle| f_k, \theta_k\right) - \lambda \frac{k}{2} \log n \tag{6.24}$$

式中，k 表示模型的参数个数；λ 表示惩罚因子；$L(D|f_k, \theta_k)$ 表示数据 D 的似然函数。

其中，

$$L\left(D \middle| f_k, \theta_k\right) = \prod_{i=1}^{n} \frac{1}{\sqrt{2\pi}} \exp\left(-\frac{\left[\ln(y_i) - \ln(\hat{y}_i)\right]^2}{2\sigma^2}\right) \tag{6.25}$$

式中，θ_k 表示模型参数；y_i 表示观测值；$\hat{y}_i$ 表示估计值。从而模型的后验概率(权重)为

$$p\left(f_K \middle| D\right) \approx \frac{\exp\left(\dfrac{\text{BIC}_k}{2}\right) p\left(f_k\right)}{\sum\limits_{l=1}^{k} \exp\left(\dfrac{-\text{BIC}_l}{2}\right) P\left(f_l\right)} \tag{6.26}$$

2. 赤池信息量准则

在 1971 年，日本学者赤池首次提出了一种模型选择准则方法，即赤池信息量准则(Burnham and Anderson，2004)。

$$\text{AIC} = n \ln \frac{\sum\left(\hat{y} - \overline{y}\right)^2}{n} + 2(p+1) \tag{6.27}$$

式中，$\hat{y}$ 表示样本数据的预测值；$\overline{y}$ 表示样本数据的实测值；p 表示参数个数。从而模型的后验概率(权重)为

$$p\left(f_K \middle| D\right) \approx \frac{\exp\left(\dfrac{-\text{AIC}_k}{2}\right)}{\sum\limits_{l=1}^{k} \exp\left(\dfrac{-\text{AIC}_l}{2}\right)} \tag{6.28}$$

3. 期望最大化方法

期望最大化方法是采用最大似然估计方法来计算模型的权重。相对于极大似然方法，最大似然估计的算法较简单，并且效果和极大似然估计方法一样，同时期望最大化方法还能处理数据缺失的问题。但是，期望最大化方法有两个方面的缺点：一是只能得到局部最优的权重；二是搜索路径单一，并且每条最优搜索路径是独立的。期望最大化方法计算权

重(后验概率)的具体步骤如下。

(1)初始值的设定。

$$设 \text{Iter} = 0; \quad w_k^{\text{Iter}} = \frac{1}{K}, \quad \sigma_k^{2(\text{Iter})} = \frac{1}{K}\sum_{t=1}^{T}\frac{\sum_{k=1}^{K}(y_t - f_{k,t})^2}{T} \tag{6.29}$$

式中，T 表示数据的个数；Iter 表示迭代的次数。

(2)初始似然函数的计算。

$$l(\theta^{\text{Iter}}) = \log\left[\sum_{k=1}^{K}w_k p_k(y|f_k,D)\right] = \log\left[\sum_{k=1}^{K}w_k\sum_{t=1}^{T}g(y_t|f_{k,t},\sigma_k^{(\text{Iter})})\right] \tag{6.30}$$

(3)期望。

设 $\text{Iter}=\text{Iter}+1$，

$$\bar{z}_{k,t}^{\text{Iter}} = \frac{g\left[y_t|f_{k,t},\sigma_k^{(\text{Iter}-1)}\right]}{\sum_{k=1}^{K}g\left[y_t^{obs}|f_{k,t},\sigma_k^{(\text{Iter}-1)}\right]}, k=1,2,\cdots,K, \quad t=1,2,\cdots,T \tag{6.31}$$

(4)最大化。

单项模型的权重

$$w_k^{\text{Iter}} = \frac{1}{T}\sum_{t=1}^{T}z_{k,t}^{\text{Iter}} \tag{6.32}$$

更新单项模型的方差：

$$\sigma_{k,\text{Iter}}^2 = \frac{\sum_{t=1}^{T}\bar{z}_{k,t}^{\text{Iter}}(y_t^{obs} - f_{k,t})^2}{\sum_{t=1}^{T}\bar{z}_{k,t}^{\text{Iter}}} \tag{6.33}$$

(5)更新似然函数。

$$l(\theta^{\text{Iter}}) = \log\left[\sum_{k=1}^{k}w_k g(y|f_k)\right] \tag{6.34}$$

(6)检查集合。

当 $l(\theta^{\text{Iter}}) - l(\theta^{\text{Iter}-1}) \leqslant 10^{-6}$ 时，算法停止，否则，就返回第(3)步重新计算。

6.6　模型结果预测

6.6.1　权重计算

假定对每个模型的先验信息是相等的，即模型的先验是相等的，采用 MCMC 方法来计算模型的后验概率。首先采用 WinBUGS 软件模拟得到参数的后验样本；然后通过后验样本计算模型的似然函数；最后估计模型的后验概率。

由式(6.9)的收敛性判断可知，当 R 接近于 1 时，此时的马尔可夫链收敛。从图 6.2 可发现，在反复迭代 15000 次后，R 值与 1 非常接近，马尔可夫链达到平稳分布。但是此时得到的样本并不能用于计算其似然函数,还需要继续迭代。直到蒙特卡洛误差小于样本标准差的 5%时,就可以停止模拟。通过 MCMC 模拟,得到样本数据越多,估计模型的后验概率就越准确。

表 6.3 回归模型参数模拟结果

参数	均值	方差	蒙特卡洛误差	2.5%	中位数	97.5%	样本量
β_0	-0.21652	0.008057	6.21E-4	-0.28132	-0.22132	-0.18321	5000
β_1	0.18132	0.009214	4.23E-4	0.15342	0.19932	0.20332	5000
β_2	6.32153	0.005121	4.25E-4	6.03421	6.22348	6.86562	5000
β_3	-0.46184	0.002123	1.79E-4	-0.63442	-0.47654	-0.39632	5000
β_4	0.14621	0.006325	2.86E-4	0.12653	0.137620	0.17998	5000
β_5	1.34768	0.004423	2.97E-4	1.32023	1.35654	1.58787	5000
β_6	2.10023	0.001972	1.53E-4	1.99032	2.09256	2.18265	5000

从表 6.3 可知,当每个参数有 5000 样本之后,蒙特卡洛误差小于样本标准差的 5%,此时表明参数估计已达到稳定,同时表明链已经混合在一起,进一步的模拟不会改变推断结果。同时,相对于模型的均值,标准差比较小。因此,模型的后验概率可以通过得到的后验样本计算。表 6.4 中显示后验概率最高的 5 个模型,其中 GDP 表示经济增长,UPOP 表示城镇人口,ECST 表示产业结构,INST 表示能源消费结构,TRAD 表示对外贸易。从表 6.4 可知,后验概率最高为 0.235,这 5 个模型的后验概率之和为 0.682。

表 6.4 模型的后验概率

模型	GDP	UPOP	ECST	INST	TRAD	PMP
模型 1	√	√	√	√	√	0.235
模型 2		√		√		0.142
模型 3	√	√			√	0.122
模型 4	√		√			0.098
模型 5		√	√	√	√	0.085

6.6.2 预测结果分析

表 6.5 显示了单项预测模型和组合预测模型的平均绝对误差(mean absolute error,MAE)和平均绝对百分比误差(mean absolute percentage error,MAPE)。从表 6.5 可知,单一预测模型的 MAE 和 MAPE 大于组合预测模型。其中,多元线性回归模型的 MAE 和 MAPE 最大,分别为 0.053 和 5.72%;然后为灰色 GM(1.1)模型、神经网络预测模型。在组合预测模型中,贝叶斯模型平均组合预测的 MAE 和 MAPE 小于其他组合预测方法。其中,简单平均组合预测的 MAE 和 MAPE 最高,分别达到了 0.043 和 4.78%;然后依次是线性回归组合预测、残差矩阵组合预测、最小方差法组合预测和最优组合预测。在贝叶斯组合预测中,基于 MCMC 贝叶斯模型平均组合预测的精度最高,即 MAE 和 MAPE 最小,

基于 BIC 贝叶斯模型平均组合预测的精度最低, 即 MAE 和 MAPE 最大。由以上可知, 基于 MCMC 贝叶斯模型平均组合预测的精度较高, 有很强的实用性。

表 6.5 预测效果评价表

方法	模型	MAE	MAPE/%
单一预测法	灰色 GM(1.1)模型	0.048	5.12
	多元线性回归模型	0.053	5.72
	神经网络预测模型	0.046	5.03
组合预测法	简单平均组合预测	0.043	4.78
	残差矩阵组合预测	0.037	4.35
	线性回归组合预测	0.040	4.59
	最优组合预测	0.030	3.26
	最小方差法组合预测	0.031	3.49
	基于 MCMC 贝叶斯模型平均组合预测	0.021	2.58
	基于 EM 贝叶斯模型平均组合预测	0.024	2.76
	基于 BIC 贝叶斯模型平均组合预测	0.029	3.19
	基于 AIC 贝叶斯模型平均组合预测	0.027	3.13

为了减少预测的不确定性, 本书对影响能源消费的 GDP、城镇人口、产业结构、能源消费结构和对外贸易五个因素进行了三种不同的模拟(高水平、参考水平和低水平), 见表 6.6。

表 6.6 三种不同的模拟(%)

参数	假设	2015 年	2020 年
GDP	高水平	8	7.50
	参考水平	7	6
	低水平	6	5.50
城镇人口	高水平	58	67
	参考水平	56	62
	低水平	54	58
产业结构	高水平	52	51
	参考水平	51	50
	低水平	50	49
能源消费结构	高水平	72	65
	参考水平	68	60
	低水平	62	56
对外贸易	高水平	20	17
	参考水平	12	10
	低水平	7	6

根据马尔可夫链蒙特卡洛模拟估计权重的贝叶斯平均组合预测模型对我国 2015～2020 年的能源消费量进行预测。由表 6.7 可知，我国的能源消费持续增长，在 2015 年、2016 年、2017 年、2018 年、2019 年和 2020 年我国能源消费量分别为 3100.33MTOE、3280.55MTOE、3469.09MTOE、3617.09MTOE、3780.45MTOE 和 3906.43MTOE。能源消费是一个复杂的系统，任何预测模型都不可能实现对能源消费完全和精准的预测。随着经济的发展和时间的推移，能源消费内部条件和外部条件都可能发生变化，如经济结构的变化、科学技术的发展和我国的政策调整等。特别是在"一带一路"倡议的指导下，我国将推动能源消费革命，抑制不合理能源消费；推动能源供给革命，建立多元供应体系；推动能源技术革命，带动产业升级；推动能源体制革命，打通能源发展快车道；全方位加强国际合作，实现开放条件下的能源安全。这些政策措施都将会影响我国的能源消费。

表 6.7　我国未来能源消费预测　　　　　　　　　（单位：MTOE）

年份	低水平	参考水平	高水平
2015	2965.31	3100.33	3420.36
2016	3116.52	3280.55	3638.60
2017	3315.63	3469.09	3855.99
2018	3466.23	3617.09	3998.80
2019	3611.43	3780.45	4178.50
2020	3753.11	3906.43	4297.08

6.7　本 章 小 结

本章对我国的能源消费现状进行分析，发现随着经济的发展，我国的能源消费水平一直在上升，其中煤炭仍然是我国能源消费的重心。分析了能源消费的预测原理，预测原理主要包括可知性原理、连续性原理、系统性原理、相似性原理和反馈性原理。从人口规模、经济增长、产业结构、能源消费结构和对外贸易五个方面分析了影响我国能源消费的因素。介绍了贝叶斯模型平均组合预测方法，该方法的关键是权重的计算，本章具体比较了马尔可夫链蒙特卡洛方法、赤池信息量准则、贝叶斯信息准则和期望最大化估计权重的优缺点，并详细介绍了四种方法的步骤。运用马尔可夫链蒙特卡洛模拟估计权重的贝叶斯平均组合预测模型对我国 2015～2020 年的能源消费量进行预测，预测结果表明在 2015 年、2016 年、2017 年、2018 年、2019 年和 2020 年我国能源消费量分别为 3100.33MTOE、3280.55MTOE、3469.09MTOE、3617.09MTOE、3780.45MTOE 和 3906.43MTOE。

第7章 可再生能源投资与绿色经济发展的实证分析

在发展绿色经济的各种对策中，绿色信贷作为一种金融工具，在实现绿色发展和经济可持续性方面发挥了重要作用。绿色信贷鼓励向环境友好型产业提供贷款，并限制向对环境造成损害的行业提供贷款。绿色信贷通过优化信贷结构，可提高信贷服务质量，促进绿色发展模式，促进绿色经济的循环利用（Yang et al.，2019；Shimbar and Babak，2020）。绿色贷款和其他类型的绿色金融对经济发展的可持续性非常重要。从环境保护的角度看，绿色发展有助于引导传统工业社会在生产、循环、消费等领域实现能源革命，改变"高能耗、高污染、高排放"的粗放型发展模式。从经济学的角度看，"绿色转型"可以有效地促进经济稳定增长。中国一直在积极探索发展绿色经济的有效模式，同时在《中华人民共和国国民经济和社会发展第十三个五年规划纲要》中，"绿色"是促进集约化经济发展和可持续增长的新发展理念之一（He et al.，2019；Ragosa and Warren，2019）。然而，就中国而言，一方面，以政府为中心的融资模式促进了可再生能源产业的早期发展，但不能适应可持续发展的要求；另一方面，直接融资渠道尚未发展，绿色信贷仍然是绿色项目融资的主要渠道，也是构建绿色金融体系的主力军（Ozorhon et al.，2018；Cao et al.，2019）。由此可见，研究绿色信贷对可再生能源投资与绿色经济发展的影响具有重要的现实意义。

与其他国家相比，中国的节能或环境节约与商业银行的关系更为密切。从本质上讲，绿色信贷是一种衍生的金融工具，是协调金融体系与环境保护的宏观调控方式（Chang et al.，2019）。原中国银行国际金融研究所副所长王元龙指出，绿色信贷是通过信贷促进节能减排的一系列政策、制度安排和做法。它反映了国家引导银行和其他金融机构通过适当的监管政策和监管措施自愿承担和履行更多的社会和环境责任（Bauwens，2019）。一般而言，绿色信贷的目标之一是将生态环境因素纳入金融机构的核算过程和决策过程，帮助企业降低能耗（Liu and Zeng，2017；Sim and Kim，2019）。

对中国绿色信贷政策的研究大多是概念性的。研究发现，绿色信贷的发展需要有风险补偿和担保资金等政策的支持。相反，绿色信贷政策的重点是限制。因此，缺乏补贴作为减少绿色贷款成本的政策工具被视为采用的障碍。有的学者将绿色信贷定义为银行业金融机构规避金融风险所做出的相关信贷和金融服务。绿色信贷政策存在缺陷，如缺乏标准、银行和公司之间缺乏环境信息交流、地方政府的过度干预、需要对银行的环境风险和机会有更多的了解和认识，以及缺乏新的绿色信贷产品。李苏等（2017）认为绿色信贷是指银行部门开展信贷业务时将环境信息纳入贷款审核机制，与绿色信贷相关的低利率和高风险应该得到补偿。然而，一些证据表明，绿色信贷政策改善了商业银行的环境风险绩效。舒晓婷（2017）认为绿色信贷政策对节能、减排和经济发展有积极作用。

就"可再生能源投资"而言，现有研究没有统一的定义。能源投资符合"为了实现未来利益，投资者投资于能源生产、流通和消费领域的固定资产"这一条件。而更多的学者将对可再生能源投资定义的界定主要集中在企业视角上，具体而言，将可再生能源投资定义为"可再生能源领域的企业投资""可再生能源企业为建设固定资产、无形资产和其他长期资产支付的现金"。这些定义在可再生能源投资的主体和对象方面都有所不同。随着全球污染的加剧，越来越多的学者关注到绿色融资的重要性。Wang 等（2017）认为，绿色筹资是一种创新的财政模式，旨在保护环境和可持续地利用资源。Fischer（2017）审查了在生产国提供生产上游、下游的国家补贴政策。

通过以上研究发现：①国内外研究中，大多都涉及可再生能源的开发和利用在经济增长中的作用；②研究了绿色信贷对经济增长、节能减排的促进作用。但已有研究缺乏关于"可再生能源投资与绿色经济发展"的研究，且对微型企业可再生能源投资的研究较少。基于此本书以可再生能源企业为研究对象，构建了一个绿色经济发展指数，综合衡量我国绿色发展水平，并考虑绿色信贷的约束，考察不同数量的绿色信贷下可再生能源投资对绿色发展的不同影响，在此基础上进一步从微观角度分析不同规模企业的可再生能源投资对绿色发展的影响。

7.1 绿色信贷和可再生能源投资对绿色发展的影响路径

7.1.1 绿色信贷与可再生能源投资

从"绿色信贷-可再生能源投资"的路径出发，绿色经济的目标是降低能源消耗，节约能源，减少排放，最终实现经济增长和环境优化的双赢。作为经济活动主体之一的可再生能源企业的投资行为关系到环境保护和经济领域，其产生的环境效益和经济效益直接影响到绿色经济的发展水平。从"融资-投资"的角度看，可再生能源投资本质上是一种资金投入行为，需要资金来源作为保证。一方面，在有效市场假设下，资产价格和收益揭示了企业的相关信息，包括投资者对未来财务业绩的预期。一旦企业获得绿色信贷，就会向市场发出该企业经认证参加与环境有关的行业的信号，这一信号有助于提高外界对企业的乐观预期，从而增加对企业的投资，或向企业提供更优惠的贷款条件和更多的税收优惠。同时，乐观的预期也可以扩大企业的知名度和声誉，从而使企业能够更快地发展，提高经营效率和财务绩效。从我国的实际情况来看，绿色信贷是工业污染治理、节能和环保项目的主要资金来源。绿色信贷通过信贷资源的配置和消费投资行为的引导，直接影响到可再生能源投资的水平。

然而，金融资源有限而稀缺，环保项目和可再生能源产业的优惠绿色信贷已经侵蚀了金融体系中其他金融主体的信贷资源。根据经济学的基本理论，这将造成两个后果：对节能和环保项目的过度投资，以及对其他融资实体的投资不足。经济损失的另一个方面是我国可再生能源的发展还不成熟，一些节能减排技术还处于发展阶段，大部分核心技术依靠国外投入。因此，除购买和维修设备外，在研发和技术升级等领域还涉及大量的资本成本，造成高沉没成本和高风险。同时，绿色信贷要求金融机构建立符合绿色企业和项目特点的信用管理和风险控制体系。因此，银行需要在信贷资源投入运作的早期、中期和后期建立审慎、严格的风险评估和信用管理体系。

7.1.2　可再生能源投资与绿色发展

目前关于可再生能源投资研究的焦点在于研究其在经济增长、节能减排中的作用。从可再生能源和经济增长的角度来看，Kocak 和 Sarkgünes（2017）发现，可再生能源消费对经济增长有积极影响。然而，一些学者认为，可再生能源消费对经济增长没有显著影响（Qi and Li，2017），甚至抑制经济增长。从绿色信贷、经济增长和节能减排的角度来看，绿色信贷被视为可持续融资。此外，一些研究认为，绿色信贷政策在节能、减排和经济方面对整个社会都有积极作用。一些人发现，其面临的挑战包括收集更多的数据或信息、为商业银行提供更好的激励措施、避免对能源密集型和高污染产业产生巨大的经济影响，以及清理政策的尾部和标准。至于该政策的实施，一些机构发现，中国或印度没有充分实施绿色信贷政策，商业银行和客户都没有对绿色银行战略或绿色项目给予足够的关注。通过建立非线性门限面板模型，绿色信贷监管措施有利于在产业增长约束下实现节能减排。我国信贷规模与碳强度之间存在反 U 形曲线，表明银行信贷应逐步向绿色经济和低碳排放经济倾斜。绿色信贷对宏观经济发展有负面影响。从长远来看，绿色信贷政策可以抑制对能源密集型产业的投资，其对产业结构调整的影响相对较小。特别是有的学者肯定了企业是绿色投资最重要的主体，总结了企业绿色投资的现状、困境和对策。通过在全球、国家和企业各级实施绿色经济，几乎可以实现可持续发展。

从"可再生能源投资-绿色经济发展"的路径来看，可再生能源投资关系到环境保护和经济领域，影响着可再生能源的消费和经济增长。通过多种中介效应，其作用体现在促进经济增长、优化环境质量、降低能源消耗等方面。从整体上看，可再生能源投资最终影响着绿色经济的发展。这些中介效应包括替代效应、挤出效应、资源禀赋效应和技术进步效应。

7.2　模型、变量和数据

7.2.1　模型

Liu 和 Zeng（2017）认为金融发展与绿色发展呈倒 U 形关系。Qi 和 Li 发现，增加可再生能源消费的经济成本是不对称的，2008 年前后存在差异。此外，许多研究证实了阈值效应，被称为金融发展在经济增长过程中效应的转折点。基于上述研究，本书认为，首先，绿色信贷、可再生能源投资与绿色经济发展之间的相关性不是简单的线性关系；其次，绿色信贷是金融发展的新形态，绿色经济发展是经济增长的深化，现有研究证实了金融发展在经济增长过程中的门槛效应。因此，可再生能源投资也可能具有绿色信贷对绿色经济发展的"门槛效应"。

从研究方法的角度来看，阈值效应主要用于估计变量相关性的转折点。一些学者还利用阈值效应模型来推断变量间非线性效应的特征，为本书的模型构建提供了参考。本书从绿色信贷的角度构建了可再生能源投资与绿色经济发展非线性关系的阈值模型。利用汉森（Henson）的门限回归方法，以变量作为系统变化的转折点，可以用大于或小于某一阈值的变量来度量不同的模型系统。本书构建面板阈值模型来考察不同可再生能源投资水平下绿色信贷与绿色发展的非线性关系。在上述分析的基础上，进一步考虑了模型构建中的变量选择问题。从经济发展的实际出发，除绿色信贷水平、可再生能源投资等因素外，本书所研究的其他因素都影响着绿色经济的增长。林毅夫（2017）认为，转变发展观念，调整能源和产业结构，优化污染控制方法，可以有效地促进绿色经济的发展。研究表明人口密度与绿色经济发展呈倒 U 形关系，科技的发展可以降低单位能耗，促进绿色经济的发展。鉴于此，本书认为，第一，影响绿色发展的因素可以概括为政策因素、生产因素和消费者因素；第二，这些因素并不是单独作用的，其影响取决于一定的政府支持和资本投入。绿色信贷的本质是信用标准，它在一定程度上反映了政府的政策引导，与制度因素密切相关。在此基础上，本书以衡量绿色发展水平的绿色发展指数为解释变量，以绿色信贷为阈值变量，以可再生能源投资为解释变量。另外，为了使模型更加合理，本书在现有研究成果的基础上，选择污染治理投资作为政策因素，以技术水平和产业结构为生产要素，以人口密度为消费因素，以这些变量为控制变量，构建了单阈值效应模型，如式（7.1）所示。

$$
\ln(\mathrm{gdi}_{it}) = \alpha_i + \sum_{k=0}^{k} \beta_{k+1} \ln(\mathrm{rei}_{it}) I\left[\gamma_k < \ln(\mathrm{cre}_{it}) < \gamma_{k+1}\right] + \theta_1 \ln(\mathrm{pgi}_{it}) \\
+ \theta_2 \ln(\mathrm{te}_{it}) + \theta_3 \ln(\mathrm{is}_{it}) + \theta_4 \mathrm{ps}_{it} + \varepsilon_{it}
$$

(7.1)

式中，i 代表年份；t 代表企业；γ 代表阈值效应模型的门槛变量；k 代表阈值数；$k+1$ 代表阈值区间数；gdi 代表绿色发展指数。

上述模型即为本书实证研究的理论模型，其中 k 值的大小要根据具体的检验结果来确定。自变量为可再生能源企业的投资水平 rei_{it}，β 是可再生能源投资在绿色信贷门槛效应下对绿色经济的影响系数，cre 是绿色信贷。控制变量分别为污染治理投资 pgi_{it}，技术水平 te_{it}、产业结构 is_{it}、人口密度 ps_{it}。截距项 α 和 ε 是随机扰动变量。为了直接推导弹性，相关的 it 变量被表示为自然对数。

7.2.2　变量和数据来源

1. 变量选择

（1）绿色发展指数（green development index，GDI）。本书提出的绿色经济发展水平是与经济效益和环境效益同等重要的指标，是综合考虑的问题。目前，学术界还没有一个公认的衡量绿色经济发展水平的指标。从经济增长、能源消费、环境质量三个维度出发，经济增长指标包括工业总产值、工业产值增长率、工业单位增加值水耗；能源消费指标包括工业企业 R&D 支出占增加值比重、绿色产品投资回报率；环境质量指标包括废弃物处理达标率、环境价值链的整体提升程度、重大环保违规金额、排污治理金额。绿色发展指数有关数据来自《中国统计年鉴 2015》。

（2）可再生能源投资（renewable energy investment，REI）。Xiong 等（2019）研究表明自由现金流与企业投资呈正相关关系。国内外研究表明过多的自由现金流入将导致企业过度投资，而自由现金短缺会导致投资不足。部分学者认为可再生能源投资是企业投资于给定年份的可再生能源。另一种看法是从投资主体的角度，即从投资可再生能源企业来进行研究。而部分学者指出可再生能源投资是企业使用可再生能源建设固定资产、无形资产和其他长期资产的现金。对这一界定很多其他学者也给予认同，本书也采用了这一观点。本书所强调的可再生能源投资是针对可再生能源企业购买固定资产、无形资产和其他长期资产所支付的现金。可再生能源投资相关数据来源于 CCER（Chinese Certipied Emission Redaction，中国认证减排）资本市场数据库。

（3）绿色信贷（green-credit policy）。中国银行业监督管理委员会 2013 年颁布的绿色信贷统计制度明确规定，当前绿色信贷的统计口径是两类贷款的总和。一是支持节能、环保、生态相关项目的服务贷款；二是支持节能、环保、新能源等战略性新兴产业的产品侧贷款；节能环保项目和服务贷款，除可再生能源和清洁能源项目外，主要包括 12 种支持工业节能、节水、环保项目的贷款，全面满足绿色信贷统计系统的要求。因此，本书选择银行的节能环保贷款余额来衡量绿色信贷的水平。绿色信贷相关数据来自中国银行业协会发布的 2004～2018 年中国银行业社会责任报告。

（4）其他控制变量。本书选取污染治理投资总额作为衡量污染治理投资的指标，以多年获批专利数来衡量技术水平、以第三产业增加值占国内生产总值的比重来衡量产业结构、以居民人口规模与面积的比值来衡量人口密度。污染控制投资数据来源于《全国环境统计公报》（2004～2018 年）。有关技术水平和人口密度的数据来自《中国统计年鉴 2018》。有关产业结构的数据来自《国民经济和社会发展统计公报》（2004～2018 年）。

2. 数据来源

本书选取中国 A 股市场上市的可再生能源公司作为样本，选取的时间为 2004～2018 年。由于我国资本市场对可再生能源企业缺乏准确的界定，本书选取了以可再生能源投资开发利用为主要业务的企业为主要样本。根据证监会 2012 年发布的《上市公司行业分类指引》，选定的样本所处行业包括"机电设备制造业""电力、热、气、水生产和供水行业""生态和环境治理行业"。同时，剔除数据不完整的企业，由此选取了 150 家企业。

7.3　实证结果分析

7.3.1　共线性检验

上述模型是时间序列模型，考虑时间因素的变量有可能存在较高程度的共线性问题，从而影响估计结果的准确性，因此本书先要对模型进行共线性检验。本书选择对模型解释变量进行主成分分析，以判断模型解释变量的共线性程度。检验结果见表 7.1，模型解释变量主成分分析的特征根倒数之和为 6.1415，远远小于解释变量数目的 8 倍。因此，模型解释变量不存在强共线性，即共线性程度不会严重影响估计结果。

表 7.1　共线性检验

项目	特征根序号				特征根倒数和
	1	2	3	4	
模型	1.8346	1.2764	1.2907	0.7543	6.1415

7.3.2　稳健性检验

为了进一步确定绿色发展与可再生资源投资之间的阈值效应，先要进行稳健性检验。本书运用增广迪基-富勒（augmented Dickey-Fuller，ADF）稳健性检验方法来进行分析，以此确定各变量的滞后期，并依据变量序列图形进行截距和趋势项的选择。对模型所有变量进行稳健性检验的结果见表 7.2，自变量的 ADF 统计量均大于 5%显著水平下的临界值，表明其均存在单位根；进一步对控制变量的一阶差分进行检验，ADF 的统计量均小于 5%显著水平下的临界值，这说明所有控制变量均是平稳面板序列。

表 7.2　稳健性检验

变量	检验类型	统计量	临界值(5%)	平稳性
绿色发展指数(GDI)	(0, 0, 3)	-4.6473	-4.8675	平稳
可再生能源投资(REI)	(c, 0, 0)	-3.6032	-3.6743	平稳
污染治理投资(PGI)	(c, 0, 0)	-2.8121	-3.1276	平稳
技术水平(TE)	(c, 0, 0)	-2.8165	-3.0264	平稳
产业结构(IS)	(c, 0, 0)	-3.1627	-3.1987	平稳
人口密度(PS)	(c, 0, 0)	-3.0686	-3.6072	平稳

7.3.3　面板数据协整检验

由稳健性检验可知，本书的可再生资源投资等变量与绿色发展的关系模型为非线性模型，模型各变量之间存在非线性关系。但是可再生资源投资等变量与绿色发展的关系是否为阈值协整关系，取决于非线性模型估计的残差是否平稳。考虑到模型的非线性特点，本书采用不依赖未知参数的部分残差检验法进行阈值协整检验。模型阈值协整结果表明，所有变量均存在阈值协整关系。上述检验结果表明模型中可能存在三个阈值效应，从而有四个阈值区间。面板协整检验结果见表 7.3。

表 7.3　面板协整检验结果（滞后阶数由 SIC 准则确定）

检验方法	检验假设	统计量	概率值(P)	
			常数项	常数项和趋势项
Pedroni 检验	$H_0: \rho_1 = 1$ $H_1: (\rho_1 = \rho) < 1$	Panel V 统计量	3.97*** (0.00)	0.61 (0.62)
		Panel ρ 统计量	-8.56** (0.00)	-3.78*** (0.00)
		Panel PP 统计量	-12.44 (0.00)	-15.06*** (0.00)
		PanelADF 统计量	-12.87*** (0.00)	-14.92*** (0.00)
	$H_0: \rho_1 = 1$ $H_1: (\rho_1 = \rho) < 1$	组 ρ 统计量	-3.54*** (0.00)	-0.97 (0.21)
		组 PP 统计量	-13.65*** (0.00)	-17.56*** (0.00)
		组 ADF 统计量	-13.07*** (0.00)	-16.14*** (0.00)
Kao 检验	H_0: 不存在协整关系($\rho = 1$)	ADF	-10.22*** (0.00)	

注：***代表 1%的显著性水平。

7.3.4 面板因果关系检验

上述协整检验充分说明可再生能源投资与绿色发展之间存在长期的均衡关系。除此之外，还需要进一步验证其之间是否构成因果关系。本书利用格兰杰(Granger)方法来检验，检验结果见表7.4。

表 7.4 Granger 因果关系检验结果

阈值数	阈值	F 值	P 值	结论
1	6.0845	25443.20	0.7432	接受
2	8.4976	1117.02	0.0379	拒绝

结果表明，绿色信贷单阈值效应的拉格朗日乘数(Lagrange multiplier，LM)统计量为25443.20，双阈值效应的 LM 统计量为 1117.02。根据以上的研究结果可以看出：在不同的滞后期，可再生能源投资与绿色发展之间存在一定的双向因果关系。因此，可再生能源投资对绿色发展指标的影响有两个绿色信贷阈值，分别为6.0845 和 8.4976。

7.3.5 阈值数估计结果

根据协整检验结果可知，本书的实证模型中可能存在三个阈值效应，各阈值区间及对应的回归系数结果见表7.5。由此，使得理论模型变为

$$\ln\left(\mathrm{gdi}_{it}\right) = \alpha_i + \beta_1 \ln\left(\mathrm{rei}_{it}\right) I\left[\ln\left(\mathrm{cre}_{it}\right) \leqslant \gamma_1\right] + \beta_2 \ln\left(\mathrm{rei}_{it}\right) I\left[\gamma_1 < \ln\left(\mathrm{cre}_{it}\right) < \gamma_2\right] \\ + \beta_3 \ln\left(\mathrm{rei}_{it}\right) I\left(\gamma_2 < \ln\left(\mathrm{cre}_{it}\right) \leqslant \gamma_3\right) + \beta_4 \ln\left(\mathrm{rei}_{it}\right) I\left[\gamma_3 < \ln\left(\mathrm{cre}_{it}\right)\right] + \theta_1 \tag{7.2}$$

表 7.5 三阈值模型估计结果

阈值估计结果		模型估计结果	
	6.0845		−0.343***
	[5.6748，6.7859，7.6032]		(0.000)
	8.4976		−0.034***
	[8.1113，8.5414，9.2232]		(0.000)
	14.7		−0.084***
	[11.3，15.8]		(0.013)
区间 1 观测值数	78		−0.575***
			(0.000)
区间 2 观测值数	258		1.544***
			(0.000)
区间 3 观测值数	80		2.075***
			(0.000)
区间 4 观测值数	56		3.821***
			(0.000)
残差平方和	2.861e+05	残差标准误差	9.865

上述实证检验结果证明,可再生能源投资对绿色发展的影响存在明显的阈值效应。具体来说,可再生能源投资对绿色发展指数的影响可分为以下三个阶段。

第一阶段是 2005 年以前,在 1%的显著性水平上,可再生能源投资增加 1%将使绿色发展指数增加 0.099%。从实际角度来看,这一阶段是开发和利用可再生能源的早期阶段。因此,增加可再生能源投资将促进能源多样化发展,避免因化石燃料价格上涨而产生的经济问题。同时,可再生能源投资带来的经济增长、能源消耗减少、环境优化等综合效益大于经济损失。因此,可再生能源投资大大促进了绿色发展。

第二阶段为 2005～2013 年,可再生能源投资增加 1%将导致绿色发展指数下降 0.0149%,这意味着可再生能源投资的增加对绿色经济发展具有抑制作用。基于此,我国这一阶段加大可再生能源投资会产生以下结果。第一,金融资源有限,可再生能源企业的绿色信贷配置偏好会挤压投入其他投资主体的信贷资源,不利于整体经济增长。第二,由于边际补偿递减规律和边际技术替代率递减规律,元素替代难度大,成本高,正替代效应减弱,甚至可再生能源投入边际补偿也为负值,此阶段扩大可再生能源投资不利于经济增长。第三,可再生能源的开发利用属于高科技领域。可再生能源投资项目具有高风险、高投入的特点,增加了其收益风险和偿还难度,从而增加了金融机构在信贷配置过程中的风险评估和跟踪监管工作量。这将导致资本管理和风险控制的直接成本和环境治理的间接成本,最终造成经济损失。总之,可再生能源投资对绿色发展的积极作用小于经济损失,因此,增加可再生能源投资抑制了绿色发展。

第三阶段是 2013 年之后,在 1%的显著性水平上,可再生能源投资增加 1%将使绿色发展指数增加 0.0109%。这可能是由于以下原因。第一,现阶段可再生能源的开发利用规模不断扩大,资源禀赋和规模效应进一步显现,可再生能源投资的初始成本和运营成本均大幅下降,刺激了可再生能源产业的技术进步和要素的重新配置。第二,金融机构的风险评估和监管体系比以往阶段更加成熟,同时管理成本和风险控制成本大幅下降,避免了巨大的经济损失。第三,从我国实际出发,在现阶段,政府出台了一系列政策和措施,帮助企业投资可再生能源,促进低碳经济的发展。例如,对可再生能源电价、可再生能源电力配额和评估方法的额外资本补贴。国家政策鼓励风电、光伏等新能源产业投资可再生能源,促进节能减排,环境与经济综合的积极效应大于负面效应。因此,发展可再生能源投资有利于促进绿色发展。

需要指出的是,第三阶段可再生能源投资对绿色发展的促进作用小于第一阶段,即在第二阶段抑制绿色发展的“转折点”之后,可再生能源投资对绿色发展的促进作用逐渐恢复。然而,由于边际补偿递减规律和边际技术替代率递减规律,其仍然抵消了一些积极的影响。

从调节变量的角度来看,首先,技术水平的影响系数为-0.3435,说明技术水平与绿色发展之间存在负相关关系。进一步说明技术发展水平的提高不能有效地促进绿色发展,而只有进一步加大环境污染治理投资才可能显著促进绿色发展。究其原因,可能是技术创新周期相对较长,从技术优势向终端产品的转变过程漫长,技术创新在绿色发展中的积极作用在短时间内难以立见成效造成的。其次,产业结构调整对绿色发展有显著的正向影响,影响系数为6.0845。这是因为产业结构越均衡,资本要素配置越合理,能源利用效率越高,这些都有利于促进绿色发展。最后，人口密度与绿色发展指数之间存在明显的负相关关系，即人口密度越大，绿色发展水平越低。这是显而易见的，人口密度越大，对能源消耗得越多，造成环境恶化的速度越快，这意味着人口密度的增加阻碍了绿色发展。

7.4　本章小结

综上所述，本章的主要结论如下。首先，可再生能源的影响有三个绿色信贷阈值对绿色发展指数的投资。可再生能源投资对绿色发展指标的影响有三个阶段：第一阶段的效果是促进，第二阶段的效果是抑制，第三阶段的效果是促进，但是促进效果低于第一阶段。这些变化表明可再生能源投资可有效提高绿色发展水平。改善对环境污染的支出、调控产业结构有利于提高绿色发展水平。人口密度的增加显著抑制了绿色发展水平，同时技术水平并没有显示促进可再生能源的投资。

基于上述结果，本章提出了相应的政策建议。首先，绿色发展与绿色信贷政策结合起来，以最大限度地提高政府和金融机构对绿色经济投资的促进作用。通过数据分析也不难发现，门槛越高，可再生能源的投资越大，绿色经济的发展水平越高，这意味着当前绿色信贷流入可再生能源产业有利于促进绿色发展。因此，政府应出台一系列支持和鼓励对可再生能源进行投资和筹资的政策(Liu, 2019)。金融机构应构建合理有效的绿色金融体系，从而通过政策支持，引导社会资本进入可再生能源产业。其次，改善融资环境，改进其风险管理，建立或改善其信贷管理和批准的机制，降低信贷交付过程中的风险评估和管理成本，并避免经济损失。还应充分调动各类企业的积极性推动绿色经济发展。最后，制定以政府、产业和公众为主体的多维、全面的绿色经济发展政策。要坚持低消费、低污染、高效率的产业调整方向，充分发挥产业结构调整在促进绿色经济发展中的作用。

第8章 我国技术创新、碳排放与经济增长关联性研究

我国创造经济发展奇迹，是以能源消费为支撑的。2018 年我国的能源消费总量较 1978 年增长了 7.2 倍。近年来，我国碳排放强度呈现出下降趋势，扭转了二氧化碳排放快速增长的态势，绿色日益成为经济社会高质量发展的鲜明底色。为了实现以削减碳排放来提高能源全要素生产率的目标，就必须科学地探索影响碳排放的核心要素（孙建，2015；魏景赋，2017）。因此科学地研究降低碳排放的战略逻辑与实践路径，对我国经济平稳健康可持续发展具有非常关键的战略意义。本书选取能源消费作为门限变量来构建非线性面板门限模型，以科学地分析能源消费通过作用于技术创新有效抑制碳排放规模，并合理促进区域经济增长的深层次作用链条。同时本书基于我国 30 个省级行政区 2008～2017 年的动态截面数据碳排放库兹涅茨曲线实证分析结果，量化研究当碳排放处于增长及回落临界点时的区域生产总值。以此为基础为我国制定降低碳排放措施、实现绿色发展提供理论支持。

8.1 理 论 分 析

8.1.1 理论分析框架

当前国内外诸多学者已经基于"内生"与"外生"两类经济增长视阈，实证检验了技术创新与经济发展之间的正相关关系。郭百红（2018）在"碳排放"相关的研究中，发现技术创新能够有效优化能源消费结构，合理促进碳排放与经济发展之间的动态平衡。因此，本书将能源消费作为门限变量，并在碳排放视阈下分析技术创新对于经济增长的促进作用。本部分构建了以"生产函数""能源消费结构约束""碳排放约束"为核心的理论分析框架。

（1）生产函数。本书构建的典型性生产者的生产函数为

$$Y = A k^{\alpha} E^{\beta} \tag{8.1}$$

式中，Y 为规模性总产出；A 为技术创新速率；k 为资本增长率；E 为单位时间内能源消费总量；α 及 β 分别代表资本与能源消费的弹性系数。

假定 $\pi = E / Y$ 为能源消费强度，将其作为输入项导入式（8.1）后，可得到体现能源消费边际效用、资本弹性与技术弹性的区域总产值计算公式：

$$Y = A^{\frac{1}{1-\beta}} K^{\frac{\alpha}{1-\beta}} \pi^{\frac{\beta}{1-\beta}} = B K^{\frac{\alpha}{1-\beta}} \pi^{\frac{\beta}{1-\beta}} \tag{8.2}$$

同时在假定区域经济总产出是由消费与资本规模所组成的，此时资本 K 可以通过 $Y-c$ 求得。

(2)能源消费结构约束。本书假定传统能源与新型能源是能源消费结构的关键构成，因此单位时间内能源消费存量计算公式为

$$S = \lambda S - E = \lambda S - \pi Y \tag{8.3}$$

式中，S 代表能源消费存量规模；λ 为传统能源的边际替代率。

(3)碳排放约束。本书假设能源消费与技术创新是影响碳排放的两类关键变量(齐亚伟，2018)。首先是能源消费对碳排放的影响(李国志，2018)，特别是传统能源消费对于碳排放规模具有显著性作用，传统能源消费与碳排放间呈线性正相关关系；其次是技术创新对碳排放的影响，由于碳排放具有较为显著的累加效应，且在短期内其"自我抑制"的可能性不高。因此本书假设技术创新对碳排放具有显著的负向作用。据此可得碳排放的计算公式：

$$C = \eta \varepsilon \pi Y - \delta C \tag{8.4}$$

式中，C 代表碳排放总量；η 代表传统能源在能源消费结构中的占比；ε 代表传统能源的碳排放系数；δ 代表技术创新对于碳排放的抑制变量系数。

8.1.2 模型求解

通过式(8.1)、式(8.3)、式(8.4)可以得到处于能源消费与碳排放双重约束下的经济增长最优方式：

$$H = U(c, C) + \lambda_1(\lambda S - \pi Y) + \lambda_2(Y - c) + \lambda_3(\eta \varepsilon \pi Y - \delta C) \tag{8.5}$$

式中，λ_1、λ_2 与 λ_3 分别为单位时间内的能源消费、资本规模与碳排放的影子价格。

基于"汉密尔顿现值"计算公式可得到调节变量 c 与 π 的一阶约束条件为

$$c^{-\omega} = \lambda_2 \tag{8.6}$$

此时得到处于 λ_1、λ_2 与 λ_3 约束条件下技术创新、碳排放与能源消费关系的计算公式：

$$\lambda_1\left(-Y - \frac{\beta}{1-\beta}Y\right) + \lambda_2\left(\frac{\beta}{1-\beta}\frac{Y}{\pi}\right) + \lambda_3\left(Y + \frac{\beta}{1-\beta}Y\right) \tag{8.7}$$

据此可得到处于 λ_1、λ_2 与 λ_3 约束条件下的技术创新、碳排放与经济增长的欧拉方程：

$$\bar{\lambda}_1 = (\rho - \lambda)\lambda_1 \tag{8.8}$$

$$\bar{\lambda}_2 = \rho\lambda_2 - \left(\lambda_1\pi\frac{\partial Y}{\partial K} + \lambda_2\frac{\partial Y}{\partial K} + \lambda_3\eta\varepsilon\pi\frac{\partial Y}{\partial K}\right) \tag{8.9}$$

$$\bar{\lambda}_3 = \rho\lambda_3 + \frac{C^{1-\mu}}{C^{2(1-\mu)}} + \delta\lambda_3 \tag{8.10}$$

此时通过式(8.6)与上述欧拉方程可得到技术创新、碳排放与经济增长的关联性计量公式为

$$\frac{1}{\omega}\frac{\lambda_2}{\lambda_1} = \frac{1}{\omega}\left(\frac{\lambda\lambda_1 + \eta\lambda_3\varepsilon\delta + C^{\omega-2}}{\lambda_1 - \lambda_3\eta\varepsilon} - \rho - \frac{\pi}{\bar{\pi}}\right) \tag{8.11}$$

对经济可持续增长路径而言，技术创新、资本与能源消费的增长速率趋同。因此从式(8.11)可得，区域经济增长率呈正向增长态势时的约束条件为

$$\frac{\mu\lambda_1 + \eta\lambda_3\varepsilon\delta + C^{\pi-2}}{\lambda_1 - \lambda_3\eta\varepsilon} > \rho + \frac{\pi}{\bar{\pi}} \tag{8.12}$$

当经济增长符合客观约束条件时，深入分析以碳排放与能源消费为代表的关键变量与经济增长之间的关系如下。

第一，新能源的增长与经济增长。从前述公式推导可知，新能源增长速度 λ 与经济增长率之间呈正相关关系。可见有效促进新能源的增长，合理提高新能源的消费比例，不仅可以显著抑制碳排放规模，同时能够合理地提高经济增长量。

第二，技术创新与经济增长。技术创新的抑制碳排放系数 δ 与经济增长之间存在正相关关系。因此合理地增加技术创新节能减排系数不仅能够有效抑制碳排放规模，同时对于经济增长具有显著的促进作用（黎孔清，2018）。

第三，传统能源消费与经济增长。传统能源消费结构系数 η 与经济增长之间呈显著的正相关关系。传统能源消费占比趋缓时，虽然会短暂抑制经济增长，但其对于抑制碳排放具有显著的作用。同时由于传统能源与新能源之间存在较高的替代效应，其可以在确保经济增长的同时合理地实现节能减排。

8.2　我国技术创新、碳排放与经济增长的计量分析

8.2.1　模型构建

门限回归模型的计量原则在于将"一元化"的观测变量数值拆分为"多维"的观测变量。并基于分段函数回归方程的方法，求得不同观测值之间的分段函数数值（仇婕和李金叶，2017）。本书采用面板门限模型来分析我国技术创新、碳排放与经济增长三者之间的非线性关系。在假设技术创新与碳排放存在非线性关系的前提下，考虑当碳排放这一门限值达到临界点时，技术创新对碳排放的作用方式与影响程度的变化情况（傅强，2017）。

8.2.2　模型与变量说明

根据当前国内外相关学者对经济发展与环境之间关系的研究文献可知，其均借鉴了前述两类研究思路，或是从总量发展规模、经济结构、技术创新等视阈来量化分析经济对环境的影响。因此本书结合上述研究思路，借鉴汉森的非线性门限模型构建的核心量化分析模型为

$$CO_2 = Y + S + T + E \tag{8.13}$$

式中，CO_2 为碳排放总量；Y 为经济规模；S 为经济结构；T 为技术程度；E 为能源消费规模。

在"外生性"经济发展模式中，实现技术创新的核心渠道主要包括本土化自主创新和引进吸收再创新。因此本书选取自主创新与技术模仿作为技术创新的两类构成变量，如下式所示：

$$CO_{2it} = \alpha_0 + \alpha_1 GDP_{it} + \alpha_2 s_{it} + \alpha_3 t_{it} + \alpha_4 e_{it} + \alpha_5 t_{it}^f (e > \gamma_1) + \alpha_6 t_{it}^f (\gamma_2 < e \leq \gamma_1)$$
$$+ \alpha_7 t_{it}^f (\gamma_3 < e \leq \gamma_2) + \alpha_8 t_{it}^f (e \leq \gamma_3) + \varepsilon_{it} \alpha_5 t_{it}^f (e > \gamma_1) + \alpha_6 t_{it}^f (\gamma_2 < e \leq \gamma_1) \qquad (8.14)$$
$$+ \alpha_7 t_{it}^f (\gamma_3 < e \leq \gamma_2) + \alpha_8 t_{it}^f (e \leq \gamma_3) + \varepsilon_{it}$$

式中，GDP 代表经济规模水平、s 通过求得区域内工业产业总值与区域生产总值的比率以代表经济结构变量；t^f 代表技术模仿存量规模，其数值可以通过资本存量计算方法求得；e 代表能源消耗规模。

通过对式(8.14)进行对数取值分析，可得到技术创新、碳排放与经济增长三者间的面板门限模型的分析公式：

$$\ln CO_{2it} = \alpha_0 + \alpha_1 \ln GDP_{it} + \alpha_2 \ln s_{it} + \alpha_3 \ln t_{it} + \alpha_4 \ln e_{it} + \alpha_5 \ln t_{it}^f (\ln e > \gamma_1)$$
$$+ \alpha_6 \ln t_{it}^f (\gamma_2 < \ln e \leq \gamma_1) + \alpha_7 \ln t_{it}^f (\gamma_3 < \ln e \leq \gamma_2) + \alpha_8 \ln t_{it}^f (\ln e \leq \gamma_3) + \varepsilon_{it} \qquad (8.15)$$

T 表示自主创新，本书选取"知识储备规模"来测度 T 的具体变化情况。其中"知识储备规模"的计量指标为专利数据。具体量化分析方法如下式所示：

$$T_{it} = \sum_{s=0}^{t} PAT_{it} \, e^{-\beta_1 s} \left[1 - e^{-\beta_2 (s+1)} \right] \qquad (8.16)$$

式中，β_1 表示知识淘汰率；β_2 表示知识外溢速率；PAT 表示专利技术成果转化规模。

由于直接量化分析知识淘汰率的可行性不高，目前学术界往往通过某个中介变量来具体测度其数值水平。当前国内外研究人员认为知识淘汰率处于 36% 的测度区间较为合理。同时结合研究成果将知识外溢速率设定为 3%。

8.2.3　数据来源

本书的核心数据来源为中国统计年鉴、中国能源统计年鉴。出于数据可获得性与精准性的考虑，本书剔除了样本规模不足的西藏自治区，选取了 30 个省级行政区共 350 个观测值样本。

8.3　实　证　分　析

8.3.1　平稳性检验

平稳性检验是面板门限模型进行定量分析的重要基础。为了有效规避"回归假象"，本书选取 LLC、IPS、HT、Hadri、Breitung 与 PPFisher 六类单位根检验方法对面板门限模型进行检验。基于数据适用性视阈来看，LLC、Breitung 适用于数据"同质化"的截面数据分析；IPS、Hadri 与 PPFisher 适用于具有显著差异的动态截面数据分析；从假设差异性视阈来看，LLC、IPS 与 PPFisher 均以"存在单位根"为其检验前提；HT、Hadri 与 Breitung 均以"不存在单位根"为其检验前提。可见 LLC 与 IPS 的适用性较高。从表 8.1 中的量化分析结果可知，在以 LLC、Hadri 与 PPFisher 为代表的检验中，其门限变量 $\ln e$ 观测数值表明"存在单位根"的假设并未通过合理性验证。同时 IPS、HT 与 Breitung 观测数值表明"不存在单位根"的假设通过验证。可见本书所遴选的门限变量总体表现较为平稳。

表 8.1　门限变量的平稳性检验结果

方法	统计量	P 值
LLC	-18.1506	0.0000
IPS	-0.7797	1.0000
HT	0.9678	1.0000
Hadri	30.5995	0.0000
Breitung	107.1593	0.0003
PPFisher	202.8007	0.0000

8.3.2　门限检验

本书采用偏最小二乘法对门限模型是否存在"门限效应"与"门限数量"进行量化估计。估计统计量 F 和与之对应的 P 值见表 8.2。

表 8.2　能源消费所对应的门限效应检验

模型	统计量 F	P 值	10%，5%，1%
单一维度门限模型	9.2756	0.0061*	(2.7448，3.5929，7.0558)
双重维度门限模型	10.6819	0.0000*	(2.2258，3.1759，6.9954)
三维度门限模型	4.0935	0.0663***	(3.1346，4.1993，7.7872)

注：*、***分别代表 P 值在1%与5%显著性水平下的显著程度，后同。

实证研究发现，单一维度门限模型的 P 值为 0.0061，统计量 F 较为显著；双重维度门限模型的 P 值为 0.0000，统计量 F 也较为显著；而三维度门限模型的 P 值为 0.0663，统计量 F 并不显著。据此可知本书所构建的回归模型有且只有两个门限区间。国内生产总值对能源消费与碳排放彼此间存在显著的门限效应，门限模型的门限值与置信区间见表 8.3。

表 8.3　门限模型的门限值与置信区间

门限模型	门限值	95%置信区间
$\hat{\gamma}_1^r$	9.2987	[9.0945，9.5998]
$\hat{\gamma}_2^r$	8.1593	[8.0902，8.1682]

从表 8.3 可知，门限值分别为 9.2987 与 8.1593。

8.3.3　模型估计结果

表 8.4 为以能源消费为门限变量时的非线性面板门限模型的回归值结果。从表 8.4 中的自变量、因变量与门限变量的数值变化情况来看，经济增长、能源消费结构对于碳排放具有显著的促进作用。而以自主创新为代表的技术创新变量对碳排放的作用并不显著，技

术模仿与碳排放间呈负相关关系。由此可见，技术创新、碳排放与能源消费间存在门限效应，这意味着以技术模仿为代表的技术创新模式对抑制碳排放规模具有显著的促进作用。但当"能源消费"这一门限变量值增加时，技术模仿对碳排放的抑制作用呈现出"边际递减"的发展趋势。同时上述实证研究结果表明，以自主创新为代表的技术创新模式其自身的现实性作用不显著。这意味着自主创新并不会有效抑制碳排放的存量与增量规模，这显然与之前的假设不符。导致这一情况的原因在于我国当前在创新基础、创新能力及创新技术方面均具有较强的局限性。这限制了我国传统能源的利用效率与新能源全要素生产率的提升，即其不能对节能减排产生正向的促进效应。

表 8.4   以能源消费为门限值的门限回归结果

变量	系数估计值	标准误差值	T 值	P 值
lnGDP	0.0811	0.0406	1.8285	0.0705***
ln$S$	0.2513	0.0589	3.7848	0.0003*
ln$T$	0.0139	0.0097	1.3415	0.1952
ln$E$	0.9602	0.0683	16.3428	0.0000*
$\ln t^f (\ln e > \gamma_1)$	−0.0529	0.0099	−4.3387	0.0000*
$\ln t^f (\gamma_2 < \ln e \leqslant \gamma_1)$	−0.0538	0.0098	−4.9735	0.0000*
$\ln t^f (\ln e \leqslant \gamma_2)$	−0.0649	0.0099	−5.4908	0.0000*

注：*、***分别代表 P 值在 1% 与 5% 显著性水平下的显著程度，后同。

另外，本书实证分析发现，当能源消费达到门限"临界值"时，技术创新与碳排放之间的关系会从"负相关"向"正相关"的方向转变。从表 8.4 中可见，当能源消费低于 γ_1 时，技术模仿对碳排放的影响系数为−0.0529；当能源消费位于 $[\gamma_1, \gamma_2]$ 区间时，技术模仿对碳排放的作用系数为−0.0538；当能源消费高于 γ_2 时，技术模仿对碳排放的作用系数为−0.0649。从这一数值变化趋势可知，能源消费在技术创新对碳排放的抑制作用中起到负向调节作用。可以预见的是，当能源消费量达到临界值时，技术创新很可能成为抑制碳排放规模的技术性阻碍。因此，持续增加传统能源及新能源的利用效率、优化能源消费结构对于我国节能减排的工作具有十分重要的战略意义与现实作用。

8.4   基于库兹涅茨曲线的进一步实证分析

为了有效检验经济增长与碳排放之间的关系，本节采用库兹涅茨曲线来进行进一步研究。

8.4.1   构建模型

库兹涅茨曲线是由美国经济学家库兹涅茨在 20 世纪 50 年代提出的。其最早用于研究经济发展与环境保护间的关系。库兹涅茨曲线的实证研究结果表明，环境质量与经济发展间呈负相关关系。本节通过库兹涅茨曲线来探析我国碳排放是否具备临界值。模型构建如下：

$$\ln CO_{2it} = \beta_0 + \beta_1 \ln Y_{it} + \beta_2 (\ln Y_{it})^2 + \beta_3 (\ln Y_{it})^3 + \varepsilon \tag{8.17}$$

式中，CO_2 代表碳排放规模；Y 代表区域生产总值。

基于式 (8.17) 可得到如下几类我国经济增长与碳排放的关联形式：第一类是当满足 $\beta_1 > 0$、$\beta_2 = 0$、$\beta_3 = 0$ 的约束条件时，经济增长规模与碳排放关系的为显著正相关；第二类是当满足 $\beta_1 < 0$、$\beta_2 = 0$、$\beta_3 = 0$ 的约束条件时，经济增长规模与碳排放的关系为显著负相关；第三类是当满足 $\beta_1 < 0$、$\beta_2 > 0$、$\beta_3 = 0$ 的约束条件时，碳排放存在一个拐点，同时经济增长规模与碳排放间呈 U 形关联关系；第四类是当满足 $\beta_1 > 0$、$\beta_2 < 0$、$\beta_3 = 0$ 的约束条件时，碳排放存在一个拐点，但经济增长规模与碳排放间呈倒 U 形关联关系；第五类是当满足 $\beta_1 < 0$、$\beta_2 > 0$、$\beta_3 < 0$ 的约束条件时，经济增长规模与碳排放间呈 N 形关联关系；第六类是当满足 $\beta_1 > 0$、$\beta_2 < 0$、$\beta_3 > 0$ 的约束条件时，经济增长规模与碳排放间呈倒 N 形关联关系。从我国经济增长与碳排放的宏观观测数据可知，上述第一类、第三类、第五类关联形式显然不符合我国现实情境。据此本书假设我国碳排放库兹涅茨曲线形态为 N 形，并基于我国 2008～2017 年全国 30 个省级行政区的动态截面数据进行量化分析。

8.4.2　实证结果

表 8.5 为基于库兹涅茨曲线的实证分析结果。其中模型 1 的特征是线性的，实证结论表明 $\ln Y$ 在 1% 的显著性水平下显著。当 R^2 取值为 89.96% 时，原假设并未通过，这意味着固定效应模型符合本书的约束条件，并且碳排放与经济增长间呈正相关关系。模型 2 的特征是 I 形关系，实证分析结果表明 Y 与 Y^2 均在 1% 的显著性水平下显著。当 R^2 取值为 90.25% 时，固定效应模型符合本书的约束条件。将模型 2 中的关键变量作为输入项代入式 (8.17) 中，有

$$\ln CO_{2it} = -8.8896 + 1.6043 \ln Y_{it} - 0.062 (\ln Y_{it})^2 \tag{8.18}$$

表 8.5　我国碳排放库兹涅茨曲线检验结果

变量	模型 1	模型 2	模型 3
估计模型	FE	FE	FE
$\ln Y$	0.8977	1.6043	4.1597
	(51.62)*	(6.95)*	(4.32)*
$(\ln Y)^2$		-0.062	-0.3829
		(-3.33)*	(-3.28)*
$(\ln Y)^3$			0.0158
			(2.98)*
C	-7.0478	-8.8896	-16.1293
	(-48.52)*	(-14.33)*	(-6.38)*
R^2	0.8996	0.9025	0.9035
corr(u_i,Xb)	-0.3819	-0.3995	-0.3978
样本	345	345	345

变量	模型 1	模型 2	模型 3
Fix Effects Tests	175.48	179.15	183.28
Hausman-test	8.61*	7.16**	9.38**
曲线形状	↑	I	N
拐点	NA	8896210 亿元	5788 亿元

注：*、**、***分别代表 P 值在 1%、5%及 10%的显著性水平下的显著程度。

基于该式可知，我国碳排放的库兹涅茨曲线具备一个拐点，且碳排放与区域内生产总值彼此间呈 I 形关系。此时拐点计算公式为

$$Y^* = \exp\left(\frac{-\beta_1}{2\beta_2}\right) = \exp\left[\frac{-1.6043}{2\times(-0.062)}\right] = 8896210 \tag{8.19}$$

该式表明当我国不同行政区域间的生产总值规模处于 889.621（万亿元）水平之下时，此时碳排放与经济增长间呈正相关关系；当这一规模处于 889.621（万亿元）水平之上时，碳排放与经济增长间呈负相关关系。由此可知，从远期发展视阈来看，我国碳排放与经济增长间的关系变化曲线形态为 U 形。这也意味着我国当前经济发展水平距离曲线拐点尚存较大空间，因此碳排放增量与经济发展规模间呈负相关关系。模型 3 图示的一类 N 形发展曲线，结果表明 Y、Y^2、Y^3 均呈现出在 1%显著性水平下显著的状态。此时 R^2 取值为 90.35%。这意味着固定效应模型符合本书的约束条件，将实证结果代入式(8.17)中可得我国碳排放的库兹涅茨曲线方程为

$$\ln CO_{2it} = -16.1293 + 4.1597\ln Y_{it} - 0.3829(\ln Y_{it})^2 + 0.0158(\ln Y_{it})^3 \tag{8.20}$$

由该式可知，由于 $\beta_2^2 - 3\beta_1\beta_3$ 取值为-0.042＜0，所以在该约束条件下我国碳排放的库兹涅茨曲线有且只有一个拐点。计算公式为

$$Y^* = \exp\left(\frac{-\beta_2}{3\beta_3}\right) = \exp\left[-\frac{(-0.3828)}{3\times 0.0158}\right] = 5788 \tag{8.21}$$

该式表明当我国不同省际区域内的生产总值低于 5788 亿元时，我国碳排放与经济增长间呈正相关关系；当我国不同省际区域内的生产总值高于 5788 亿元时，我国碳排放与经济增长间的正相关关系将会显著增加。从模型 2 中的实证研究结果可知，我国碳排放的变量处于库兹涅茨曲线的逐步攀升阶段。同时伴随着我国区域内生产总值的增加水平持续扩张，将会导致我国碳排放的规模增速显著增加。

8.5　本 章 小 结

8.5.1　主要结论

本章基于我国 30 个省级行政区域 2008～2017 年的动态截面数据，从理论与实证研究的双重视阈对我国技术创新、碳排放与经济增长三者间的关联关系进行系统研究，并采用库兹涅茨曲线来量化分析经济增长与碳排放之间的互促作用机理。主要研究结论如下。

第一，我国碳排放规模从 2010 年以来逐年增加，同时我国不同省级区域间的碳排放总量呈现出较大的差异。其中东部地区碳排放规模相当于中部地区、西部地区碳排放量的总和。同时从我国不同行业碳排放规模占比来看，我国工业部门的碳排放规模是其他行业碳排放总量的四倍之多。

第二，通过将能源消费作为门限变量的面板门限模型实证研究结果可知，能源消费对技术创新与碳排放具有显著的正向门限效应。当能源消费规模处于第二门限值之下时，以技术模仿为代表的技术创新与碳排放呈负相关关系。当能源消费处于第一门限值与第二门限值之间时，以技术模仿为代表的技术创新对碳排放的互相作用效果有所削弱。同时实证研究结果表明，经济规模、经济结构、能源消费三者与碳排放之间呈正相关关系，但其中以自主创新为代表的技术创新作用效果并不显著。因此，我国在未来一段时期发展低碳经济的有效之策在于，科学地提高传统能源与新能源的利用效率，并优化能源消费结构以进一步推动我国产业结构转型升级，防止经济发展模式的恶性循环。

第三，从基于环境的库兹涅茨曲线进一步实证分析结果可知，我国不同省级行政区域生产总值与碳排放之间呈 U 形关系。且当前我国经济规模整体处于库兹涅茨曲线的逐渐攀升区间，并表现为"显著跃升"的发展态势。从短期来看，我国碳排放与经济规模间呈现出正相关的非线性关系，且随着经济规模增速的上升我国碳排放增速将会进一步增加；从长期来看，当经济规模发展达到临界值时，碳排放规模呈现出缓慢下降趋势。

8.5.2　政策建议

基于本章的研究结论，提出如下政策建议。

第一，从上述实证结果可知，我国当前经济发展尚处于库兹涅茨环境曲线的上升区间，且高碳能源在我国能源消费结构中占比较高，因此发展低碳新型能源对我国日后节能减排工作具有重要的促进作用。但是由于我国当前碳排放与经济增长之间具有显著的相关性，因此大规模削减碳排放增量势必会对经济增长具有显著抑制作用。所以我国未来在制定节能减排政策的过程中，必须权衡碳排放与经济发展之间相互制衡的关系。

第二，上述实证研究结果表明，技术创新对碳排放不仅具有显著的抑制效应，而且能够极大地释放经济增长动能。以技术模仿为代表的技术创新对我国中西部经济欠发达地区的经济与技术发展具有显著的促进作用。但以自主创新为代表的技术创新作用效果并不显著，这意味着我国当前自主创新基础与能力存在短板，且其对抑制碳排放的作用效果尚不明显。因此我国政府应加大政策支持与资金投入，以持续增强其自主创新能力，并通过产品、工艺、流程创新手段对传统产业进行技术创新与技术升级，以此助推我国工业现代化产业发展。

第9章 可再生能源产业发展的影响因素研究

针对生态环境和能源变革问题，党的十九大报告中明确指出要深化绿色发展理念，加快生态文明体制改革。随着中国经济发展进入新常态，如何立足国情、区情促进能源体系清洁、低碳发展，以此推动经济高质量发展，这一研究是目前政界和学界关注的重点。截至 2018 年底，中国可再生能源发电装机容量约为 7.30 亿 kW，较上年增长约 12%；其中，水电机组装机容量约为 3.50 亿 kW，风电机组装机容量约为 1.85 亿 kW，光伏发电装机容量约为 1.72 亿 kW，分别较上年增长 2.5%、12.3% 和 33%。中国政府承诺，到 2030 年，非化石能源消费占一次能源消费的比重为 20%，到 2050 年，可再生能源发电量占能源发电总量的比重达到 76%，由此可见可再生能源的清洁能源替代作用日益突显。目前关于可再生能源的研究主要集中在可再生能源激励政策和市场特征两个方面。

可再生能源市场特征研究包括以下几个方面。①从需求的角度研究可再生能源的市场空间。政府实施可再生能源政策的效果是通过市场反映出来的，各国根据自身能源发展体系的不同也做了大量的实证调查分析（何凌云等，2018）。国内学者齐绍洲和李杨（2018）运用空间时序面板数据研究了可再生能源补贴、能源消费强度和人均 GDP 之间的关系，指出当政府对可再生能源的补贴超过一定阈值时，当能源消费强度高于一定的门槛值时，当人均 GDP 低于某一个门槛值时，当一国在没有基础发展可再生能源体系时，推动可再生能源的发展会付出更大的代价。②从供给的角度研究可再生能源供给企业策略。国外研究体系较为完善，Favard（2002）指出，在可耗竭资源开采成本较高的情境下，优先发展具有相对优势的可再生能源体系是较好的选择策略。Bessenyei（2005）从社会整体效益和公司市场价值最大化的角度出发，利用国家面板数据定期研究了可再生资源转化体系受制的情况，同样得到相似的结论。Iniyan 等（2007）认为，应当首先考虑可再生能源的使用成本和效率等关键因素，相关的基础、技术可靠性、安全性，甚至是公民对可再生能源发展的支持程度都应该是考虑的因素。国内学者结合中国能源体系的发展历程和现状，主要从市场效率等角度研究了能源的供给体系。帅竞等（2018）在研究中指出中国的可再生能源发展体系起步较晚，相对于国际上的发展国家竞争力不足，相对的可再生能源的基础技术、循环分配以及出口都显示出发展不足，并且国内市场中能源的比较优势显示不出来，发展主体同质化竞争严重，比如太阳能和风能发展较为先进，但是核电技术、生物发电等新技术发展较为滞后。其他学者如李力等（2017）、孔令丞等（2018）在研究中也得到类似的结论，并从政府政策和市场体系两个角度提出了相应的对策和建议。

能源体系的发展是一个较为漫长、复杂的过程，其发展是为了满足经济增长和社会绿色化发展的需要，由污染到清洁，由高排放到低排放，其中需要基础技术、市场应用和企业主体等多方面的参与。各国能源体系的发展也有不同的差异，总体来看，世界能源体系正处在一个由传统工业化遗留的旧发展模式向后工业化时代发展的新能源发展体系转变的时期。虽然处于探索期，但是各国的区域组织都开始重视能源体系的发展，相匹配的政策支撑体系也逐渐形成(林伯强和王锋，2009；Croonenbroeck and Hüttel，2017)。从中国能源市场发展现状来看，可再生能源发展具有显著的空间异质性，区域政策体系也有很大的不同。中国可以借鉴其他发达国家的能源体系设计模式，从基础技术、市场体系和政策支撑等方面形成多维度的发展路径。综上所述，本书构建了空间面板计量模型研究可再生能源产业发展的驱动因素。

9.1　中国各省市可再生能源发展现状

本书通过 ArcGIS 软件作出 31 个省(区、市)的可再生能源消费总量的空间分布图，发现 2017 年可再生能源消费量属于第一档的为四川、云南，属于第二档的为湖北，属于第三档的为新疆、甘肃、内蒙古、贵州、湖南、广西，属于第四档的为青海、宁夏、陕西、山西、河北、天津、辽宁、吉林、黑龙江、河南、重庆、山东、江苏、安徽、浙江、江西、福建、广东，属于第五档的为西藏、海南、北京、上海。2015~2017 年，第一档、第二档都未曾变化，甘肃由第三档变为第四档又变为第三档，新疆由第四档变为第三档，安徽由第五档变为第四档，江苏由第五档变为第四档，黑龙江由第五档变为第四档。对 2015 年、2016 年、2017 年可再生能源消耗情况的分析，高度反映了消耗量与城市区域的相关性。较高的可再生能源消耗为能源缺乏的地区带来了希望，进一步加快了周边城市可再生能源技术等各方面的发展，说明可再生能源研究的重要性，对可再生能源影响因素的确定具有一定的现实意义。

9.2　可再生能源发展的自相关研究

为了确定中国可再生能源发展的空间相关性，本书采用全域莫兰指数(global Moran's I)对当前数据进行空间自相关性检验。一般而言，P 值小于 0.05(通过 95%置信度检验)，且 Z 值得分超过临界值 1.65(拒绝零假设设定的阈值)则表明通过显著性检验。

表 9.1　可再生能源发展的全域莫兰指数

参数	2015 年	2016 年	2017 年	均值
莫兰指数	0.188	0.137	0.131	0.152
Z 值	2.110	1.639	1.600	
P 值	0.017	0.051	0.055	

从表 9.1 可以看出，2015 年、2016 年和 2017 年的莫兰指数都通过了 10%显著性水平检验，莫兰指数均为正值，表明中国 31 个省(区、市)的可再生能源产出量在空间分布上具有显著的正相关性(即空间依赖性)，即中国可再生能源发展的分布并非随机的，而是一种空间集聚现象。莫兰指数散点图可以将中国 31 个省(区、市)的集群分为四个象限的空间关联模式：第一象限代表高观测值区域单元被同是高值区域包围的空间联系形式；第二

象限代表低观测值区域单元被高值区域包围的空间联系形式；第三象限代表低观测值区域
单元被同是低值区域包围的空间联系形式；第四象限代表高观测值区域单元被低值区域包
围的空间联系形式，即第一象限、第三象限体现出正的空间自相关性，而第二象限、第四
象限体现出负的空间自相关性。

贵州、广西、湖南、云南、四川 5 个省份在第一象限(HH 象限)，甘肃、陕西、山西、
西藏、重庆 5 个省份在第二象限(LH 象限)，江西、安徽、河南、黑龙江、辽宁、吉林、
宁夏、福建、天津、北京、山东、江苏、浙江、上海、河北、海南 16 个省份在第三象限
(LL 象限)，新疆、内蒙古、湖北 3 个省份在第四象限(HL 象限)。其中，青海、广东跨了
第一象限、第二象限、第三象限、第四象限。可以看出，2017 年研究样本中 64.52%(20
个)的省份表现相似的空间关系，其中 16.13%(5 个)的省份位于第一象限(HH 象限)，
48.39%(15 个)的省份位于第三象限(LL 象限)，35.49%的省份表现非相似值的空间性，其
中 4 个省份在第二象限(LH 象限)，3 个省份在第四象限(HL 象限)。表明 2017 年可再生
能源产出量的空间局域依赖性和差异性也是同时存在的。

莫兰指数从整体上分析了可再生能源发展的集群情况，但这种全域空间自相关分析无
法进一步分析不同地理位置的区域空间关联方式。为了进一步确定中国可再生能源产量与
地域之间的关系情况，本书使用 GeoDa 软件计算局部莫兰指数来得到各省份之间的局部
空间自相关(local indicators of spatial association，LISA)显著性图像。研究结果发现可再生
能源发展形成了两个不同的集聚区：第一个是新疆、重庆形成了高储量地域被高储量地域
所包围的局势；第二个是江苏为低储量聚集区被高储量聚集区所包围，而四川、云南、贵
州被低储量聚集区所包围。随着可再生能源发展到 2017 年，高储量聚集区跃迁的趋势越
来越明显，扩展到四川、贵州、湖南等地。从目前的变化趋势可以推断中国的高储量聚集
区正在向云贵地区扩散。

9.3　模　型　构　建

9.3.1　可再生能源产业发展与其影响因素的作用机制分析

按照能源经济理论，依据数据的可得性，本书选取可再生能源发电量作为可再生能源
产业发展的衡量指标。根据张立燕(2019)的研究发现可再生能源发展的影响因素主要分为
资源的利用性、社会的支持性、技术的创新性、环境的生态性、政策的支持性和市场培育
程度六个方面，鉴于数据的可获得性，本书主要从以下四个方面进行分析。

(1)政策的支持性。本书选取地区环保决算(X_1)来衡量这一指标，可再生能源的发展
需要政府的重视与投资。目前，政府引导仍然为中国可再生能源发展的主导力量。而分析
政府对于可再生能源的重视程度一般可以采用政府在环保领域的决算支出比例作为影响
因素之一。由于可再生能源的环保性，一般认为，在环保方面投入力度大的城市对于生产
能源这一主要污染领域重视程度更高。本书选取了 2015～2017 年中国 31 个省(区、市)
政府环境保护方面决算比例作为自变量。

(2)资源的可利用性。本书选取非可再生能源储量(X_2)来衡量这一指标，不同地理位

置的城市由于环境、地形等各方面因素不同,其非可再生能源的储量也不相同。非可再生能源储量一方面促使地区加强对可再生能源的发展,另一方面有可能反映地理区位的局限性限制可再生能源储量。因此本书选取城市主要供能资源,即煤、石油、天然气来衡量资源的可利用性。为了统一单位,将这三类资源按照能源换算标准转化为标准煤储量来进行计算。

(3)社会的支持性。本书采用可再生能源电力消纳量(X_3)来衡量这一指标,能源消纳比例通俗来讲就是能源的使用效率,能源使用效率高在一定程度上证明区域政府对于这方面的重视程度较高,也说明本地区科技水平较高,有利于新能源产业的推广与发展。

(4)环境的生态性。本书选择废气排放量(X_4)来衡量这一指标,发展可再生能源不仅是为了解决中国能源紧缺问题,而且是为了改善当前生态环境现状。据了解,中国能源行业排放的主要污染物质为烟尘、二氧化硫、氮氧化物。为了更好地了解一个地区在能源发展方面的污染,要结合当地经济发展水平来综合评估当地环境污染状况。本书采用烟尘、二氧化硫、氮氧化物排放量之和与区域生产总值(GDP)的比值来表示环境发展指标。同时在选取数据的时候,本书对四类解释变量作共线性检验,发现其均不存在多重共线性的影响。

9.3.2　空间误差模型的构建

1. 空间面板相关性的检验

为判断空间计量模型是否优于不含空间相关性的传统模型,需要对模型进行拉格朗日乘数(Lagrange multiplier,LM)检验和稳健性拉格朗日乘数检验。LM Error 为检验原假设为误差性不存在空间自相关性;备选则为模型应当为空间误差模型。LM Lag 检验则是原假设是空间滞后变量不具有空间自相关性;备选假设是此模型为空间滞后模型。

从表 9.2 可知,空间误差模型的值为 3.8670,优化后为 4.1226,远超于空间滞后模型,在 5%显著性水平下通过了检验,虽然在莫兰指数中 P 值为 0.2775,但是统计值大小为 1.0859,仍能说明在一定程度上引入空间因素是合理的。所以 LM 检验得到的结论是空间误差模型更加适合本书的研究,本书应当建立空间误差模型(spatial error model,SEM)。

表 9.2　空间面板自相关检验

检验	Value	P 值
莫兰指数 Error,Test	1.0859	0.2775
LM Error(Burridge)	3.8670	0.0492
LM Error(Robust)	4.1226	0.0423
LM Lag(Anselin)	0.0065	0.9357
LM Lag(Robust)	0.2621	0.6087

2. 模型的构建与豪斯曼检验

先利用随机效应模型对问题进行分析,得到的结果见表 9.3。从表 9.3 可知,随机效应的 SEM 中,只有解释变量 X_2 地区可再生能源的消纳比例超过了 5%显著性水平的,其

他解释变量尤其是 X_3 极不满足显著性水平检验，同时随机效应模型的卡方值为 0.2325，拟合程度并不是太好，所以本书考虑率采用其他效应的 SEM 进行处理。

表 9.3　随机效应的 SEM

解释变量	回归系数	Std.Err.	Z 值	P 值
X_1	−1690.58	1393.35	−1.21	0.225
X_2	1127.457	250.49	4.50	0.000
X_3	0.49	0.72	0.68	0.496
X_4	−0.15	0.60	−0.25	0.803
常数项	88.62	125.62	0.71	0.481
Spatial lambda	0.2616	0.1649	1.59	0.113
Ln-phi	4.93	0.33	14.77	0.000
Sigma2_e	1922.321	354.1956	5.43	0.000
R-sq	0.2325			

　　为了使模型拟合程度更好，本书尝试再对固定效应的 SEM 进行构建，采取时间与空间双固定模型来进行求解，得到的结果见表 9.4。时间空间双固定模型的解释变量显著性水平明显改善，其中 X_2、X_3 两个解释变量通过了 95% 置信度检验，而变量 X_1 和 X_4 的显著性水平均在可接受范围之内，同时，模型的卡方值为 0.2763，比随机效应模型结果略有提升。为了更好地进行模型的选择，本书采用豪斯曼 (Hausman) 检验对两种模型结果进行分析。

表 9.4　时间与空间双固定的 SEM

解释变量	回归系数	Std.Err.	Z 值	P 值
X_1	−1447.19	1128.75	−1.28	0.200
X_2	807.1845	207.18	3.90	0.000
X_3	3.41	1.20	2.83	0.005
X_4	−0.81	0.58	−1.41	0.157
Spatial-lambda	0.08	0.16	0.50	0.617
Sigma2_e	1173.43	172.21	6.81	0.000
R-sq	0.2763			

　　豪斯曼检验是为了进一步确定空间计量模型应当使用随机效应系数还是固定效应系数。豪斯曼的原假设是固定效应系数模型的差异与随机效应系数的差异是不明显的。根据检验值大小以及 P 值概率值来判断模型的使用。如果拒绝原假设，就使用固定效应模型，否则就使用随机效应模型。豪斯曼检验结果见表 9.5。

表 9.5　基于 0-1 型矩阵的豪斯曼检验

参数	豪斯曼检验结果
检验值	-4.12
P 值	无

从上述结果来看，本书通过对随机模型以及双固定模型的豪斯曼检验，得到曼检验值为负数，说明 var(b)-var(B) 不是一个正定矩阵，也就意味着，B 不是最有效的估计，所以，在此情况下一般认为采取固定效应的空间计量模型更好。同时我们在上述两种模型结果分析的过程中也发现时间与空间双固定的模型在一定程度上的确优于随机效应模型。

9.4　结果与讨论

在空间计量模型的实证分析法中，常用的估计方法有两阶段最小二乘法和极大似然估计法。本书所采取的方法为极大似然估计法，它假定误差是服从正态分布的，因变量呈多元正态分布，在本书模型中，回归系数的显著性检验用 Z 检验，置信水平为 P。

此回归模型采用的地理空间矩阵为 0-1 矩阵，即两省相邻则地理空间矩阵系数为 1，不相邻则为 0。如表 9.6 所示，左侧为 0-1 型矩阵的空间误差模型，右侧为传统的面板模型结果。从表 9.6 可知，在传统面板模型下，只有变量 X_2 即非可再生能源储量对可再生能源的发电量大小影响显著，其他三个变量影响均不显著。整体拟合效果低于空间误差模型，证明本书的确更加适合建立空间误差模型。

表 9.6　双固定空间误差模型回归结果

解释变量	空间误差模型(SEM)		传统面板模型	
X_1	-1.4e+03	(-1.282)	-1.7e+03	(-1.213)
X_2	807.185***	(3.896)	1127.457***	(4.501)
X_3	3.413***	(2.832)	0.491	(0.681)
X_4	-0.814	(-1.415)	-0.151	(-0.249)
常数项			88.618	(0.705)
Spatial lambda	0.078	(0.500)	0.262	(1.587)
Sigma2_e	1173.436***	(6.814)	1922.321***	(5.427)
Ln_phi			4.930***	(14.773)

注：*表示 $P<0.10$，**表示 $P<0.05$，***表示 $P<0.01$。

随着中国对可再生能源的重视程度越来越高，省际的可再生能源发展水平将不再有很大的局限性。随着科技的迅速发展，在技术上各省之间的差距将会越来越小，同时，由于本书所考虑的风能、水能和太阳能三大类主要可再生能源不像煤、石油、天然气等受地理环境条件制约较强的能源物质，在各个省份或多或少都能够随着能源改革进一步深化而发展。

在 0-1 型权重矩阵下，空间误差模型的空间相关系数(spatial lambda)为正数，意味着中国可再生能源的发展是呈空间正相关的，存在一处正的空间效应。唯一不足的地方是其显著性不强，无法满足显著性条件。经分析数据可以得出，在中国不同省(区、市)之间可再生能源发展方面出现了个例使得空间显著性水平不高。以北京为例，虽然河北是能源大省，但是由于北京独特的区域位置和经济地位使得河北并不会主导能源产业的发展，在模型结果中也可以看出个体的特异误差非常显著，这在一定程度上是由于政治、经济因素所导致的。总体上看，可再生能源具有一定的扩散性，使得其产业的发展往往呈集群式发展，各省(区、市)之间的能源产业也将由于可再生能源独特的性质而有相似的发展，各省(区、市)之间能源产业发展相互促进。

无论是传统面板数据模型还是空间误差模型，四个变量所呈现出来的影响趋势都是相同的，说明虽然有些变量的回归系数并不显著，但是两种模型的构建具有一定的相似性，表明四种变量对于可再生能源的发展在一定程度上都具有相同的影响，也证明了其具有一定的可信性。

在非可再生能源储量方面，可以看到在空间误差模型中，回归系数为正数且显著。说明各省份可再生能源的发展与非可再生能源储量呈正相关关系。一般而言，在资源储备较少的地区才会更加注重可再生能源的发展，但是从模型的结论中可以推测，当某一地区资源储量较为丰富时，地理面积相对较大，同时也可能具备形成非可再生能源物质的一些条件，在这种情况下，资源储备不仅反映了某一地区的能源供应情况，也反映了当地的地理环境及生态面貌。模型结果则更加倾向于后面这种说法。在技术以及政府重视一定的前提下，区位因素是限制可再生能源发展的一个重要影响因素，虽然可再生能源具有一定的扩散性，但是仍在一定程度上受地理环境位置、面积等因素的影响。

在空间误差模型中，还有一个非常显著的因素即可再生能源消纳比例。能源消纳比例通俗来讲就是能源的使用效率。虽然可再生能源在近些年才逐步进入人们视野，但是其在利用率提高方面发展迅速。从模型的结果来看，可再生能源的消纳比例与地区可再生能源产业发展呈非常显著的正相关关系。从结果分析来看，能源消纳比例越高的地区，对于可再生能源产业发展的重视程度越高，同时说明其在能源技术领域发展较好，对当地能源产业发展起到一定的促进作用。

对于非显著性影响因素，地区环保方面生态支出与可再生能源发电量呈负相关关系。此解释变量并不显著，其主要原因在于政府在环保方面的决算支出都用于环保治理方面，属于环境保护的末端投入。而可再生能源的投入往往是源头方面的治理。若一个地区在生态末端环保投入比例较大，可以认为此地区生态环境水平较投入比例较小的地区要低一些，其原因可能是对于污染源头治理的重视程度较低，导致对于可再生能源发展的力度不强，使得模型检验结果呈现负相关的影响。

9.5　本章小结

进入新时代，中国可再生能源受资源分布、市场结构、产业环境等区域异质性约束，其空间异质性不断凸显。为了探究可再生能源发展空间集聚效应，本书在分析可再生能源空间相关性的基础上，选取资源的利用性、社会的支持性、环境的生态性、政策的支持性四个影响因素，构建空间计量模型研究可再生能源发展的驱动因素。根据研究结果得出以下结论。

(1) 利用中国 31 个省(区、市)近年来可再生能源发电量计算莫兰指数后，得到 2015～2017 年莫兰指数及其显著性大小。数据结果表明在 10%显著性水平下，2015～2017 年，中国 31 个省(区、市)可再生能源产业发展均呈现出区域正相关性，可再生能源产业发展有路径依赖性、空间稳定性，同时其在空间发展上有产业聚集的趋势。

(2) 根据时间与空间双固定的 SEM 可以得出，区域废气排放量与可再生能源发电量呈负相关关系，废气排放量每增加 1t，可再生能源电力产量就减少 0.8kW·h。非可再生能源储量与可再生能源产业发展有显著的相关性。同时，政府在环保方面的决算支出与可再生能源产业发展的相关性不显著，主要原因是环保支出属于环境保护的末端支出费用，而可再生能源产业的发展属于环境保护源头方面的治理，间接证明了可再生能源产业发展较好的省份的整体生态环境更好，可再生能源消纳量与其可再生能源产业发展有显著的相关性。

第10章 基于演化博弈的可再生能源产业发展研究

目前，中国政府实施装机贴、绿色证书、税收、固定上网电价等激励政策促进可再生能源产业发展。这些政策保证了投资可再生能源的经济收益，短期内可以有效刺激对可再生能源的需求（Aized et al.，2018；Nicolli and Vona，2019）。但是由于没有或较少考虑可再生能源持续发展的内在需求与规律，这些政策可能带来政策失效、效率低下和补贴不可持续等问题。同时，如果政策设计忽视了不同主体的角色定位和行为机制，往往会导致"主体利益协调困难"和"主体行为异化"等问题。这些问题反馈到政策制定过程，会引起政策的不稳定、不持续，导致可再生能源发展规划目标调整过于频繁，政策的实施方式经常变动。

可再生能源激励政策可分为经济激励和价格激励两个方面。关于经济激励政策的研究。经济激励政策在能源体系发展初期发挥着关键作用，其功能主要体现在：鼓励研发、促进基础性技术发展、项目投资等（赵勇强和熊倪娟，2010；Lo，2014；Zafar et al.，2019）。中国在可再生能源供给方面激励功能发挥欠佳的原因在于：政府财政补贴来源单一且投入不足，政府对整个能源产业的扶持过程不够连续和系统化，大多数地方性的政府文件都是为了响应中央精神，真正贯彻落实的政策效应不够，并且地方性的能源发展政策区域同质化现象严重，无法形成区域互补、良性循环的能源发展体系，导致企业能源成本过高（何凌云等，2018；Zhou et al.，2018）。学界关于价格激励政策的研究较为丰富，包括涉及能源体系发展运行的标准制定、运行机制设计以及区域分配等，研究的视角主要从市场层面出发制定政策与之发展相适应，其中大多数情况下政府为政策实施主体，政策实施的成本和有效性都需要从市场中的企业层面表现出来。已有学者提出在提高可再生能源占国民能源消耗的比重时，FIT（Feed-in-Tariff，新能源补贴政策）政策比 RPS（Renewable Portfolio Standard，可再生能源投资标准）政策更为有效，但是 RPS 政策在减少碳排放和改善消费者剩余层面更为有效（Sun，2015），FIT 政策能够激发更多的可再生能源供给（Koçak and Sarkgüneşi，2017）。

综上所述，目前关于可再生能源激励政策的研究国内学者主要采取规范性分析方式，而国外学者主要采用实证研究。激励政策能大力促进可再生能源产业的发展，但其有赖于政府权威性的产业政策和法律、法规；目前可再生能源产业发展处于初级发展阶段，技术、市场等会对可再生能源产业发展产生重要影响。因此，本书构建政府、企业和消费者的三方演化博弈模型，从理论上探究演化规律以及演化稳定策略存在的条件，分析影响系统演化均衡方向的各个因素。

演化博弈论依据生物进化原理，假定人是有限理性，认为人类通常是通过试错的方法达到博弈均衡的，因而历史、制度因素以及均衡过程的某些细节均会对博弈的多重均衡的选择产生影响。目前演化博弈论借助复制动态机制，已广泛应用于能源环境、贸易、行为决策分析等（黄建华，2016；申亮和王玉燕，2017，Cao and Zhang，2017）。本书使用演化博弈方法对可再生能源产业发展进行分析，构建政府、企业、消费者三者之间的演化博弈模型，探究三类群体之间的博弈关系，试图构建不同时期三类群体最优策略选择集合，最终达到可再生能源产业发展的最优状态。

10.1　基 本 假 设

本书假定可再生能源产业发展的参与主体分别为政府、企业以及消费者，且三方参与主体均是有限理性的，以自身利益最大化为目标。各方参与主体的策略假定如下。

(1)政府。在可再生能源产业发展中对企业实行激励政策，主要是经济激励和价格激励，经济激励包括颁发相关政策，对可再生能源企业进行投资补贴和税收优惠，同时制定相关的金融政策，鼓励金融机构给可再生能源企业提供低息贷款。价格激励包括对企业发放价格补贴，以降低可再生能源的价格。作为政策制定方，政府可以选择实施激励政策，也可以选择不实施激励政策。

(2)企业。由于可再生能源企业的进一步发展需要巨大的研发成本并承担巨大的风险，同时要追求利益最大化，所以企业可以选择继续大力研发新技术发展可再生能源产业，也可以选择不发展新技术保持现状。在政府的政策下，企业有两种策略，大力研发可再生能源和不大力研发可再生能源。

(3)消费者。消费者作为可再生能源的受益者，在面临使用能源的选择时，会通过比较可再生能源和传统能源的价格与使用的满意程度来进行选择，根据消费者追求效用最大化理论，消费者有使用可再生能源和不使用可再生能源两种策略。

通过以上概念的阐释和模型的假设，建立以政府、企业、消费者为主体的演化博弈模型。具体假设如下。

假设 1：在以政府、企业、消费者为主体的演化模型中，政府实施激励政策的概率为 x，企业大力发展可再生能源的概率为 y，消费者选择使用可再生能源的概率为 z，其中 x，y，$z \in [0，1]$，均为时间 t 的函数。

假设 2：政府实施激励政策时，需要付出除投资补贴外的其他成本 A(包括对企业的税收、土地支持等优惠)，同时政府会对使用可再生能源的消费者给予补贴 B，当企业选择"研发可再生能源"时，政府部门给予其贴补 S，当消费者选择"传统能源"时，政府将面临 K 的损失，如社会福利减少。

假设 3：政府实施激励政策后，可缓解长期以来传统能源带来的环境污染问题以及传统能源原材料匮乏的问题，也可分担日益增长的能源需求所引起的企业供应能力日趋紧张的压力，使得整个社会福利增加，因此政府可获得 R 的环境收益。同时政府实施可再生能源激励政策将获得收益 P，主要指消费者对政府的积极行为予以肯定，从而使政府形象、公信力等指标提升。

假设 4：在政府的激励政策下，企业选择大力研发时，将获得政府补贴 S，当消费者使用可再生能源时，企业将获得运营收益 R_1。此外，企业还会获得潜在收益 R_2，如在企业发展可再生能源后，获得的税收、土地等政府支持，银行贷款方面的政策倾斜等优惠及社会对企业形象的积极评价等。企业在激励政策下选择不大力发展可再生能源,则需向政府缴纳罚金 F。

假设 5:当企业选择"不研发可再生能源"策略时,企业既没有运营收益 R_1,也没有发展可再生能源、研发新技术的成本 C,两者均为 0。

假设 6:消费者在使用可再生能源时可获得的效用为 U_1,使用传统能源时所获得的效用为 U_2,消费者使用传统能源时遭受的损失为 T,主要指福利的减少,传统能源的负外部性。

模型相关参数及含义见表 10.1。

表 10.1   模型相关参数及含义

参数	含义
P	表示政府实施可再生能源的激励政策所获得的收益,主要指消费者对政府的积极行为予以肯定,从而使政府形象、公信力等指标提升
R	表示消费者使用可再生能源时,政府获得的环境收益
K	表示消费者选择传统能源时,政府为解决环境污染以及原材料匮乏问题的损失
S	表示政府实施激励政策、企业大力发展可再生能源时,政府给予企业的投资补贴
A	表示政府实施可再生能源的激励政策除投资补贴外的其他成本,如对企业的税收优惠成本
B	表示实施激励政策时,政府对使用可再生能源消费者给予的补贴
R_1	表示企业大力发展且消费者使用可再生能源时企业所得的运营收益
R_2	表示企业大力发展可再生能源时获得的潜在收益,包括获得的税收、土地等政府支持、银行贷款方面的政策倾斜等优惠及社会对企业形象的积极评价等
C	表示企业大力发展可再生能源、研发新技术所需的成本
F	表示在激励政策下企业不发展可再生能源时需缴纳的罚金
U_1	表示消费者使用可再生能源时所获得的效用
U_2	表示消费者使用传统能源时所获得的效用
T	表示消费者使用传统能源时遭受的损失,主要指福利的减少,传统能源的负外部性

根据上述假设,在三方均为有限理性且信息不对称的条件下,列出支付矩阵,见表 10.2、表 10.3。

表 10.2   政府实施激励政策时企业与消费者的支付矩阵

主体	选择	企业	
		大力发展	不大力发展
消费者	使用	$R+P-S-A-B$	$F+P$
		R_1+R_2+S-C	$-F$
		U_1+B	0
	不使用	$P-S-K-A$	$F+P-K$
		R_2+S-C	$-F$
		U_2-T	U_2-T

表 10.3 政府不实施激励政策时企业与消费者的支付矩阵

主体	选择	企业	
		大力发展	不大力发展
消费者	使用	R	0
		R_1-C	0
		U_1	0
		$-K$	$-K$
	不使用	$-C$	0
		U_2-T	U_2-T

10.2 稳定性及演化路径分析

10.2.1 政府决策的复制动态分析

政府群体选择实施和不实施激励政策的期望收益 E_{x_1} 和 E_{x_2} 分别为

$$E_{x_1} = yz(R+P-S-A-B)+y(1-z)(P-S-K-A)+(1-y)z(F+P)+(1-y)(1-z)(F+P-K)$$

$$E_{x_2} = yzR+y(1-z)(-K)+(1-y)z(0)+(1-y)(1-z)(-K)$$

政府决策的复制动态方程为

$$F(x) = \frac{\mathrm{d}x}{\mathrm{d}t} = x(1-x)(E_{x_1}-E_{x_2}) = x(1-x)[-y(zB+S+A+F)+P+F] \tag{10.1}$$

根据复制动态方程稳定性定理可知,稳定策略的 x 需满足 $F(x)=0$ 且 $F'(x)<0$。

(1) 若 $y = \dfrac{P+F}{zB+S+A+F}$,则 $F(x)\equiv 0$,意味着对于任何的 x 值都是稳定状态,即此时政府选择任何比例的实施激励政策均是稳定策略,策略的比例不会随着时间的推移而变化。

(2) 若 $y \neq \dfrac{P+F}{zB+S+A+F}$,令 $F(x)=0$,得到 $x=0$ 和 $x=1$ 两个准演化稳定点。对 $F(x)$ 求导得到 $F'(x)=(1-2x)[-y(zB+S+A+F)+P+F]$。

①当 $0<y<\dfrac{P+F}{zB+S+A+F}$ 时,$F'(x)|_{x=0}>0$,$F'(x)|_{x=1}<0$,此时,$x=0$ 是稳定演化点,即当采用"大力发展可再生能源"策略的企业比例低于 $\dfrac{P+F}{zB+S+A+F}$ 时,政府会倾向于选择实施激励政策。

②当 $\dfrac{P+F}{zB+S+A+F}<y<1$ 时,$F'(x)|_{x=0}<0$,$F'(x)|_{x=1}>0$,此时,$x=1$ 是稳定演化点,即当采用大力发展可再生能源策略的企业比例高于 $\dfrac{P+F}{zB+S+A+F}$ 时,政府出于节约成本和提升公信力的综合考虑,最终会选择不实施激励政策。

10.2.2 企业决策的复制动态分析

企业大力发展和不大力发展决策时的期望收益 E_{y_1} 和 E_{y_2} 分别为

$$E_{y_1} = xz(R_1 + R_2 + S - C) + x(1-z)(R_1 - C) + (1-x)z(R_2 + S - C) + (1-x)(1-z)(-C)$$

$$E_{y_2} = xz(-F) + x(1-z)(0) + (1-x)z(-F) + (1-x)(1-z)(0)$$

企业发展决策的复制动态方程为

$$F(y) = \frac{\mathrm{d}y}{\mathrm{d}t} = y(1-y)(E_{y_1} - E_{y_2}) = y(1-y)[zR_1 + x(R_2 + S + F) - C] \tag{10.2}$$

(1) 若 $z = \dfrac{C - x(R_2 + S + F)}{R_1}$，则 $F(y) \equiv 0$，可知无论企业是选择大力发展还是选择不大力发展均是演化稳定策略，策略比例不会随时间的推移而演变。

(2) 若 $z \neq \dfrac{C - x(R_2 + S + F)}{R_1}$，令 $F(y) = 0$，得到 $y=0$ 和 $y=1$ 两个准演化稳定点。对 $F(y)$ 求导得到 $F'(y) = (1-2y)[zR_1 + x(R_2 + \beta C + F) - C]$。

① 当 $0 < z < \dfrac{C - x(R_2 + S + F)}{R_1}$ 时，$F'(y)|_{y=0} < 0$，$F'(y)|_{y=1} > 0$，此时，$y=0$ 是稳定演化点，即当采用使用可再生能源策略的消费者比例低于 $\dfrac{C - x(R_2 + S + F)}{R_1}$ 时，企业选择不大力发展可再生能源策略是演化稳定策略。

② 当 $\dfrac{C - x(R_2 + S + F)}{R_1} < z < 1$ 时，$F'(y)|_{y=0} > 0$，$F'(y)|_{y=1} < 0$，此时，$y=1$ 是稳定演化点，即当采用使用可再生能源策略的消费者比例高于 $\dfrac{C - x(R_2 + S + F)}{R_1}$ 时，企业选择大力发展可再生能源策略是演化稳定策略。

10.2.3 消费者决策的复制动态分析

消费者选择使用和"不使用"可再生能源的期望收益 E_{z_1} 和 E_{z_2} 分别为

$$E_{z_1} = xy[U_1 + B] + x(1-y)(0) + (1-x)y(U_1) + (1-x)(1-y)(0)$$

$$E_{z_2} = xy(U_2 - T) + x(1-y)(U_2 - T) + (1-x)y(U_2 - T) + (1-x)(1-y)(U_2 - T)$$

消费者决策的复制动态方程为

$$F(z) = \frac{\mathrm{d}z}{\mathrm{d}t} = z(1-z)(E_{z_1} - E_{z_2}) = z(1-z)[y(xB + U_1) + T - U_2] \tag{10.3}$$

(1) 若 $y = \dfrac{T + U_2}{xB + U_1}$，则 $F(z) \equiv 0$，意味着对于任何的 z 值都是稳定状态，即此时消费者选择任何使用决策均是演化稳定策略，策略的比例不会随着时间的推移而变化。

(2) 若 $y \neq \dfrac{T + U_2}{xB + U_1}$，令 $F(z) = 0$，得到 $z=0$ 和 $z=1$ 两个准演化稳定点。对 $F(z)$ 求导得到 $F'(z) = (1-2z)[y(xB + U_1) + T - U_2]$。

①当 $0<y<\dfrac{T+U_2}{xB+U_1}$ 时，$F'(z)|_{z=0}<0$，$F'(z)|_{z=1}>0$，此时，$x=0$ 是稳定演化点，即当采用大力发展可再生能源策略的企业比例低于 $\dfrac{T+U_2}{xB+U_1}$ 时，消费者选择不使用可再生能源策略是演化稳定策略。

②当 $\dfrac{T+U_2}{xB+U_1}<y<1$ 时，$F'(z)|_{z=0}>0$，$F'(z)|_{z=1}<0$，此时，$x=1$ 是稳定演化点，即当采用大力发展可再生能源策略的企业比例高于 $\dfrac{T+U_2}{xB+U_1}$ 时，消费者选择使用可再生能源策略是演化稳定策略。

10.2.4　演化博弈路径分析

根据 Ritzberger 和 Weibull(1996)的研究结论，对于政府、企业、消费者三者之间的系统只需探讨 $D_1(0,0,0)$、$D_2(1,0,0)$、$D_3(0,1,0)$ 、$D_4(0,0,1)$、$D_5(1,1,0)$、$D_6(1,0,1)$、$D_7(0,1,1)$、$D_8(1,1,1)$ 八个点的渐近稳定性，其余均为非渐近稳定状态。稳定性分析可以通过雅可比矩阵展开，对政府、企业和消费者的复制动态方程分别求 x、y、z 的偏导数，得出雅可比矩阵如下：

$$\begin{bmatrix} (1-2x)[-y(zB+S+A+F)+P+F] & x(1-x)(T+S+F) & -x(1-x)yB \\ y(1-y)(R_2+S+F) & (1-2y)[zR_1+x(R_2+S+F)-C] & y(1-y)R_1 \\ zy(1-z)B & z(1-z)(xB+U_1) & (1-2z)[y(xB+U_1)+T-U_2] \end{bmatrix}$$

每一个均衡点分别对应一个演化博弈均衡。由弗里德曼(Friedman)的方法可知，雅可比矩阵的一切特征值有负实部，对应的均衡点是一个汇，即稳定点；雅可比矩阵的一切特征值均有正实部，对应的均衡点是一个源，即不稳定点。换言之，系统演化稳定策略的均衡点应满足特征值全为负；如果特征值全为正，则对应的均衡点是不稳定点；如果特征值为一负两正或者一正两负，则对应的均衡点为鞍点。根据表 10.4 可以得出，D_2、D_5、D_6、D_7 和 D_8 是均衡点的鞍点。

表 10.4　各均衡点对应的特征值

均衡点	特征值		
$D_1(0,0,0)$	$P+F$	$-C$	$T-U_2$
$D_2(1,0,0)$	$-P-F$	$R_2+S+F-C$	$T-U_2$
$D_3(0,1,0)$	$P-S-A$	C	U_1+T-U_2
$D_4(0,0,1)$	$P+F$	R_1-C	U_2-T
$D_5(1,1,0)$	$S+A-P$	$C-R_2-S-F$	$U_1+B+T-U_2$
$D_6(1,0,1)$	$-P-F$	$R_1+R_2+S+F-C$	U_2-T
$D_7(0,1,1)$	$P-S-A-B$	$C-R_1$	U_2-U_1-T
$D_8(1,1,1)$	$S+A+B-P$	$C-R_1-R_2-S-F$	U_2-U_1-B-T

10.3　关键参数分析

下面对上述五个边界均衡点进行分析,结合现实情境分析影响政府、企业和消费者策略选择的关键参数。

10.3.1　影响政府策略选择的关键参数

在五个边界均衡点中,D_2、D_6 中 $\frac{\partial F(x)}{\partial x}$ 的取值均明显小于 0,故在本节中不再分析。在 D_7 和 D_8 两种状态中,政府所选取的策略分别是不实施激励政策和实施激励政策,若满足条件 $\frac{\partial F(x)}{\partial x}<0$,则两种演化状态趋于稳定,即满足 $P\text{-}S\text{-}A\text{-}B<0$ 与 $P\text{-}S\text{-}A\text{-}B>0$,对该算式进行分析,发现政府给予企业的投资补贴 S 和实施激励政策的其他成本 A 是影响政府策略选择的重要参数。由于政府给消费者的补贴金额较小,对政府决策影响不大,所以当政府给企业的补贴和实施激励政策的其他成本大于政府实施可再生能源激励政策所获得的收益时,政府会选择不实施激励政策,而政府实施激励政策时所获得的收益可视为固定值,因此要改变状态 D_7 至 D_8,政府需减少对企业的补贴和降低实施激励政策时的其他成本。

10.3.2　影响企业策略选择的关键参数

在可再生能源的政府激励政策下,在 D_2、D_5 状态下,企业的选择分别是不大力发展可再生能源和大力发展可再生能源,若满足 $\frac{\partial F(y)}{\partial y}<0$ 条件使两种演化状态趋于稳定,即需要满足 $R_2+S+F\text{-}C<0$,$C\text{-}R_2\text{-}S\text{-}F<0$。通过对上述两个算式进行分析发现,企业的选择与企业大力发展可再生能源的成本 C 和政府对企业的罚金 F 有关,要使企业达到稳定状态,政府应加大惩罚力度,增大罚金 F,企业最关键的是加大可再生能源生产技术的研发以提高生产效率,从而降低可再生能源的发展成本 C,促进企业从 D_2 达到最后的稳定状态 D_5。

10.3.3　影响消费者策略选择的关键参数

在 D_5 和 D_8 两种状态中,影响消费者是否选择使用可再生能源的关键是条件 $U_2\text{-}U_1\text{-}B\text{-}T$ 的正负,由于政府对消费者的补贴 B 较小,消费者使用传统能源所遭受的损失 T 不可控,同时在可再生能源投入市场初期,可再生能源可能会存在使用效果未知、市场不成熟等一系列不确定因素使得消费者使用传统能源的效用 U_2 大于消费者使用可再生能源的效用 U_1。所以要改变状态 D_5 到状态 D_8,政府应该增大对可再生能源行业的监管,督促企业努力发展使得可再生能源的使用效果更佳,从而使消费者使用可再生能源的效用 U_1 增大。

10.4　仿真分析

基于上述分析，系统的演化稳定结果取决于相关参数的初始条件及变动情况。为更直观地反映主体的行为演化路径以及参数取值对演化稳定结果的影响，本书针对上述演化博弈模型，运用 MATLAB 软件进行了数值仿真分析，涉及的关键参数分别是投资补贴 S、其他成本 A、研发成本 C、罚金 F 以及使用可再生能源的效用 U_1，各参数的初始取值为：$P=5$、$B=0.8$、$R_1=10$、$R_2=6$、$U_2=10$、$T=4$、$S=2$、$A=2$、$C=9$、$F=3$、$U_1=7$。初始设定政府、企业和消费者行为决策所占比例均为 0.5。

10.4.1　投资补贴和其他成本对系统演化的影响

在投资补贴 S 和其他成本 A 设置为 $(3,3)$、$(2,3)$、$(3,2)$、$(2,2)$ 的情况下，系统状态演化仿真图分别如图 10.1～图 10.4 所示。在投资补贴 S 和其他成本 A 都较大的情况下，随着时间的推移，政府、企业和消费者的策略选择呈现向状态 D_7 演化的趋势，投资补贴 S 和其他成本 A 的数值逐渐减小，策略选择向状态 D_7 演化的速度减缓，而将投资补贴 S 和其他成本 A 的数值同时减小至满足条件 $P-S-A-B>0$，随着时间的进一步

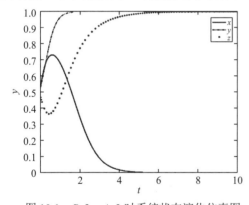

图 10.1　$S=3$，$A=3$ 时系统状态演化仿真图

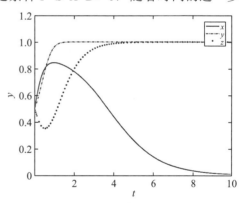

图 10.2　$S=2$，$A=3$ 时系统状态演化仿真图

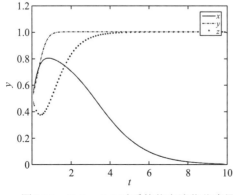

图 10.3　$S=3$，$A=2$ 时系统状态演化仿真图

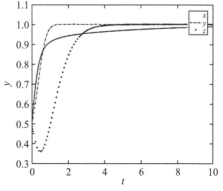

图 10.4　$S=2$，$A=2$ 时系统状态演化仿真图

推进，政府、企业和消费者的策略选择呈现向状态 D_8 演化的趋势。因此，若要使系统向理想状态演化，政府部门在实施激励政策前期应增加对企业的补贴以扶持企业，在后期应减少对企业的投资补贴和降低实施激励政策时的其他成本，转而督促企业的实际运营情况。

10.4.2 研发成本和罚金对系统演化的影响

在对研发成本的仿真分析中，为了避免无关变量可再生能源效用 U_1 的影响，将可再生能源效用 U_1 的数额设置为5。在研发成本 C 和罚金 F 设置为(21，0.5)、(21，3)、(9，0.5)、(9，3)的情况下，系统状态演化仿真图分别如图10.5～图10.8所示。在企业研发成本 C 较大和罚金 F 较小的状况下，企业的自发选择会趋向于不大力发展可再生能源，将企业研发成本降低，罚金加大，随着时间的推进，企业的策略选择将会是大力发展可再生能源。在研发成本和罚金数值满足条件的状况下，不考虑其余参数变化，只有企业的策略选择发生改变，证明仅仅依靠研发成本与惩罚力度的改变无法促使整个监管的博弈系统向理想状态演进。因此，若要使系统向理想状态演化，政府部门需要加大对发展可再生能源企业的扶持力度，以此减少企业的研发成本，同时对在激励政策下不发展可再生能源的企业处以高额罚金。

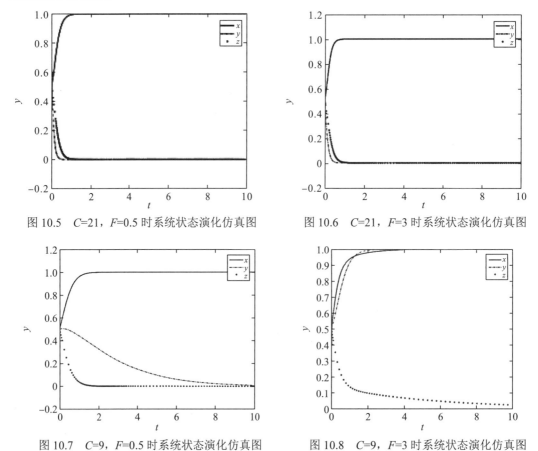

图 10.5 $C=21$，$F=0.5$ 时系统状态演化仿真图   图 10.6 $C=21$，$F=3$ 时系统状态演化仿真图

图 10.7 $C=9$，$F=0.5$ 时系统状态演化仿真图   图 10.8 $C=9$，$F=3$ 时系统状态演化仿真图

10.4.3　可再生能源的效用对系统演化的影响

将可再生能源效用 U_1 设置为 5 与 7，所得到的系统状态演化仿真图分别如图 10.9、图 10.10 所示。在可再生能源效用设定较大的情况下，消费者的策略选择在一定时间节点后向使用可再生能源进行演化，意味着在其余参数不改变的情况下，可再生能源效用的数值大小对消费者的策略选择起着决定性作用。因此，若要使系统向理想状态演化，政府应该加大对消费者的价格激励，同时企业应该大力发展可再生能源，从而使消费者从可再生能源中获得的效用 U_1 增大。

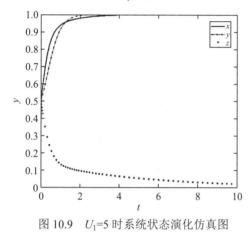
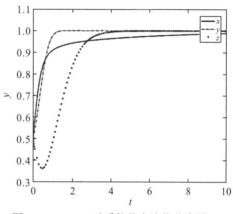

图 10.9　U_1=5 时系统状态演化仿真图　　　　图 10.10　U_1=7 时系统状态演化仿真图

10.5　本 章 小 结

本章建立了以政府、企业、消费者三方为参与主体的演化博弈模型，通过使用复制动态方程对模型进行求解，围绕政府对企业的补贴金、政府的惩罚力度、企业大力发展可再生能源的成本以及消费者使用可再生能源的效用等关键参数对系统的不同演化稳定状态进行分析。通过以上研究得出以下两个结论。

(1) 政府在激励政策实施的初期，应该使用经济手段来激励企业大力发展可再生能源，提高传统能源企业大力发展可再生能源的积极性，从上述研究结果可知，政府在实施激励政策的初期，需加大对企业的补贴和经济支持，同时加大对不愿发展可再生能源企业的惩罚力度，此时政府的其他成本也较高，随着时间的推进，政府应该逐渐降低对企业的补贴和经济支持，转而敦促企业降低经营可再生能源的成本。同时政府还需要通过价格激励、大力宣传使用可再生能源的经济效应和环境效应，来促进消费者积极使用可再生能源。

(2) 企业追求自身利益最大化，但也需承担一部分社会责任，在国家大力鼓励发展可再生能源的社会环境下，企业应积极响应国家的号召，在激励政策的初期，企业发展可再生能源的成本可能较高，收益充满不确定性，但随着全球可再生能源逐渐替代传统能源的发展趋势，企业应大力发展可再生能源，以实现企业的可持续发展，并且企业在发展可再生能源的过程中，应大力研发可再生能源的生产技术从而降低运营成本。与此同时，消费者也需积极参与推动可再生能源产业发展。

参 考 文 献

鲍勤, 汤铃, 杨烈勋, 等, 2011. 能源节约型技术进步下碳关税对中国经济与环境的影响——基于动态递归可计算一般均衡模型[J]. 系统科学与数学, 31(2): 175-186.

曹静, 2009. 走低碳发展之路: 中国碳税政策的设计及 CGE 模型分析[J]. 金融研究(12): 19-29.

陈诗一, 2011. 边际减排成本与中国环境税改革[J]. 中国社会科学(3): 85-100, 222.

傅强, 张小漫, 张亚军, 2017. 环境污染与经济增长、能源消费、FDI 和城镇化的双向耦合关系[J]. 华东经济管理, 31(1): 83-91.

高鹏飞, 陈文颖, 2002. 碳税与碳排放[J]. 清华大学学报(自然科学版), 42(10): 1335-1338.

高铁梅, 2006. 计量经济分析方法与建模[M]. 北京: 清华大学出版社.

何建武, 李善同, 2009. 节能减排的环境税收政策影响分析[J]. 数量经济技术经济研究, 26(1): 31-44.

何凌云, 张丽虹, 钟章奇, 等, 2018. 环境不确定性、外部融资与可再生能源投资——兼论政策有效性[J]. 资源科学, 40(4): 748-758.

贺菊煌, 沈可挺, 徐嵩龄, 2002. 碳税与二氧化碳减排的 CGE 模型[J]. 数量经济技术经济研究(10): 39-47.

胡光宇, 2005. 战略: 预测与决策[M]. 北京: 清华大学出版社.

胡雪棉, 赵国浩, 2008. 基于 Matlab 的 BP 神经网络煤炭需求预测模型[J]. 中国管理科学, 16(51): 521-525.

黄建华, 2016. 政府双重干预下基于渠道商价格欺诈的农产品交易演化博弈模型[J]. 中国管理科学, 24(11): 66-72.

黄英娜, 王学军, 2002. 环境 CGE 模型的发展及特征分析[J]. 中国人口·资源与环境, 12(2): 34-38.

郭百红, 高文. 2018. 基于马克思生态经济思想的经济发展方式研究——我国经济增长、能源消耗、碳排放的实证分析[J]. 经济问题探索(2): 153-162.

贾仁安, 丁荣华, 2002. 系统动力学——反馈动态性复杂分析[M]. 北京: 高等教育出版社.

姜林, 2006. 环境政策的综合影响评价模型系统及应用[J]. 环境科学(5): 1035-1040.

孔令丞, 涂改革, 张英辉, 2018. 非对称信息下可再生能源并网机制设计[J]. 管理评论, 30(5): 249-261.

赖明勇, 肖皓, 陈雯, 等, 2008. 不同环节燃油税征收的动态一般均衡分析与政策选择[J]. 世界经济(11): 65-76.

黎孔清, 马豆豆, 2018. 江苏省经济发展、技术进步与农业碳排放增长关系研究[J]. 科技管理研究 38(6): 77-83.

李德山, 徐海锋, 张淑英, 2018. 金融发展、技术创新与碳排放效率: 理论与经验研究[J]. 经济问题探索(2): 169-174.

李国志, 2018. 基于变参数模型的中国碳排放与经济增长 EKC 拐点研究[J]. 环境工程, 36(2): 142-146.

李杰兰, 陈兴鹏, 王雨等, 2009. 基于系统动力学的青海省可持续发展评价[J]. 资源科学, 31(9)1624-1631.

李力, 朱磊, 范英, 2017. 不确定条件下可再能源项目的竞争性投资决策[J]. 中国管理科学, 25(7): 11-17.

李善同, 翟凡, 徐林, 2000. 中国加入世界贸易组织对中国经济的影响: 动态一般均衡分析[J]. 世界经济, 23(2): 3-14.

李松, 刘力军, 翟曼, 2012. 改进粒子群算法优化 BP 神经网络的短时交通流预测[J]. 系统工程理论与实践, 32(9): 2045-2049.

李苏, 贾妍妍, 达潭枫, 2017. 绿色信贷对商业银行绩效与风险的影响——基于 16 家上市商业银行面板数据分析[J]. 金融发展研究(9): 72-77.

李友田, 李润国, 翟玉胜, 2013. 中国能源型企业海外投资的非经济风险问题研究[J]. 管理世界(5): 1-11.

梁巧梅, 魏一鸣, 范英, 等, 2004. 中国能源需求和能源强度预测的情景分析模型及其应用[J]. 管理学报(1): 4, 62-66.

林毅夫, 2017. 全球变革时代下的中国经济发展[J]. 新金融(2): 4-7.

林伯强, 王锋, 2009. 能源价格上涨对中国一般价格水平的影响[J]. 经济研究, 44(12): 66-79, 150.

刘小敏, 付加锋, 2011. 基于 CGE 模型的 2020 年中国碳排放强度目标分析[J]. 资源科学, 33(4):634-639.

卢珂, 周晶, 鞠鹏, 2019. 基于三方博弈的汽车共享产业推广模型及演化路径[J]. 统计与决策, 35(5):68-72.

卢奇, 顾培亮, 邱世明, 2003. 组合预测模型在我国能源消费系统中的建构及应用[J]. 系统工程理论与实践, (03):24-30.

马杰, 2014. 促进中国清洁能源发展的财税政策研究[D]. 武汉: 中国地质大学.

马晓微, 魏一鸣, 2009. 我国能源投融资现状及面临的机遇与挑战[J]. 中国能源, 32(12): 28-32.

满向昱, 朱曦济, 陈健, 2013. 能源投资统计指标体系研究[J]. 统计研究, 30(11):25-29.

齐绍洲, 李杨, 2018. 能源转型下可再生能源消费对经济增长的门槛效应[J]. 中国人口·资源与环境, 28(2):19-27.

齐亚伟, 2018. 中国区域经济增长、碳排放的脱钩效应与重心转移轨迹分析[J]. 现代财经(天津财经大学学报),38(5):17-29.

仇姓, 李金叶,2017. 基于 Lotka-Volterra 模型的我国三次产业、碳排放与经济发展之间动态竞争关系实证研究[J]. 生态经济, 33(10):22-28.

申亮, 王玉燕, 2017. 公共服务外包中的协作机制研究: 一个演化博弈分析[J]. 管理评论, 29(3): 219-230.

舒晓婷, 2017. 绿色信贷对中国产业结构调整的作用与价值[J]. 改革与战略, 33(10):123-125.

帅竞, 成金华, 冷志惠, 等, 2018. "一带一路"背景下中国可再生能源产品国际竞争力研究[J]. 中国软科学, (7): 21-38.

苏为华, 余明江, 2002. 对灰色系统综合评价方法中两个问题的认识[J]. 统计研究, (10):49-52.

孙建, 2015. 中国技术创新碳减排效应研究——基于内生结构突变模型的分析[J]. 统计与信息论坛, 30(2):23-27.

王其藩, 1995. 高级系统动力学[M]. 北京: 清华大学出版社.

王淑芳, 2005. 碳税对我国的影响及其政策响应[J]. 生态经济, (10): 66-69.

王振龙, 2000. 时间序列分析[M]. 北京: 中国统计出版社.

王志文, 张方, 2012. 中国开征碳税的碳减排效果分析[J]. 沈阳工业大学学报(社会科学版), 5(1):40-44.

卫敏, 余乐安, 2012. 具有最优学习率的 RBF 神经网络及其应用[J]. 管理科学学报, 15(4):50-57.

魏景赋,徐政,田文举,2017. 经济增长、能源消耗、金融发展对碳排放的影响——基于金砖四国的实证研究[J]. 重庆工商大学学报(社会科学版), 35(1):42-49.

魏巍贤, 2009. 基于 CGE 模型的中国能源环境政策分析[J]. 统计研究, 26(7):3-13.

吴庆广, 2008. 中国风力发电公司融资模式探讨[J]. 环境科学与管理, (1):184-186.

武亚军, 宣晓伟, 2002. 环境税经济理论及对中国的应用分析[M]. 北京: 经济科学出版社.

谢思苑, 2014. 中国海外能源投资法律保障设计之探索[D]. 苏州: 苏州大学.

杨毅, 2014. 中国能源工业投资研究——基于温室气体减排角[D]. 太原: 山西财经大学.

姚昕, 刘希颖, 2010. 基于增长视角的中国最优碳税研究[J]. 经济研究, 45(11):48-58.

曾波, 刘思峰, 方志耕, 等, 2009. 灰色组合预测模型及其应用[J]. 中国管理科学, 17(5):150-155.

曾胜, 刘朝明, 2008. 基于灰色技术区域能源需求预测模型分析[J]. 生产力研究, (22):129-130+159.

詹祥, 周绿林, 孙晓阳, 2017. 基于演化博弈的远程医疗服务推进[J]. 系统工程, 35(2):95-102.

张春香, 刘志学, 2007. 基于系统动力学的河南省文化旅游产业分析[J]. 管理世界, (5):152-154.

张翎, 2001. 用统计分析方法预测能源需求量[J]. 数理统计与管理, (6):27-30.

张欣, 2010. 可计算一般均衡模型的基本原理和编程[M]. 上海: 人民出版社.

赵勇强,熊倪娟,2010.我国可再生能源经济激励政策回顾与建议[J].经济与管理研究, (4):5-11.

郑路, 勒中坚, 2011. 基于系统动力学的政府公共信息资源配置系统的模型研究[J]. 中国软科学, (8):178-184.

郑玉歆, 樊明太, 1999. 中国 CGE 模型及政策分析[M]. 北京: 社会科学文献出版社.

朱磊, 2011. 能源安全与气候变化背景下的能源投资建模与应用研究[D]. 合肥: 中国科学技术大学.

Aasness J, Bye T, Mysen H T, 1996. Welfare effects of emission taxes in Norway[J]. Energy Economics, 18(4): 335-346.

Aized T, Shahid M, Bhatti A A, et al., 2018. Energy security and renewable energy policy analysis of Pakistan[J]. Renewable and Sustainable Energy Reviews, 84: 155-169.

Algieri B, Aquino A, Succurro M, 2011. Going "green": Trade specialization dynamics in the solar photovoltaic sector[J]. Energy Policy, 39(11): 7275-7283.

Allan G, Lecca P, McGregor P, et al., 2014. The economic and environmental impact of a carbon tax for Scotland: A computable general equilibrium analysis[J]. Ecological Economics, 100: 40-50.

Almutairi H, Elhedhli S, 2014. Modeling, analysis, and evaluation of a carbon tax policy based onthe emission factor[J]. Computers & Industrial Engineering, 77: 88-102.

AlShehabi O H, 2013. Modelling energy and labour linkages: A CGE approach with anapplication to Iran[J]. Economic Modelling, 35: 88-98.

Apergis N, Payne J E, 2010. Renewable energy consumption and Economic growth: Evidence from a panel of OECD countries[J]. Energy Policy, 38: 650-660.

Arrow K, 1962. Economic Welfare and the Allocation of Resources for Invention[M]. In The rate and direction of inventive activity: Economic and social factors. Princeton University Press: 609-626.

Ayres R U, Bergh J C J M, Lindenberger D, et al., 2013. The underestimated contribution of energy to economic growth[J]. Structural Change and Economic Dynamics, 27: 79-88.

Ayrest R U, 1998. Energy waste an accounting and life cycle analysis[J]. Energy, 23(5): 355-363.

Ballard C L, Medema S G, 1993. The marginal efficiency effects of taxes and subsidies in the presence of externalities: A computational general equilibrium approach[J]. Journal of Public Economics, 52(2): 199-216.

Baran S, 2014. Probabilistic wind speed forecasting using Bayesian model averaging with truncated normal components [J]. Computational Statistics and Data Analysis, 75: 227-238.

Baranzini A, Goldemberg J, Speck S, 2000. A future for carbon taxes[J]. Ecological Economics, 32: 395-412.

Barbir F, 2005. PEM electrolysis for production of hydrogen from renewable energy sources[J]. Solar Energy, 78(5): 661-669.

Bates J M, Granger C W J, 1969. The combination of forecasts[J]. Journal of the Operational Research Society, 20(4): 451-468.

Bauwens T, 2019. Analyzing the determinants of the size of investments by community renewable energy members: Findings and policy implications from Flanders[J]. Energy policy, 129: 841-852.

Beghin J, Roland-Holst D, Van der Mensbrugghe D, 1994. A survey of the trade and environment nexus: Global dimensions[J]. OECD Economic Studies, 23(Winter): 167-192.

Beghin J, Roland-Holst D, van der Mensbrugghe D, 1995. Trade liberalization and theenvironment in the pacific basin: Coordinated approaches to Mexican trade andenvironmental policy[C]. Presented at the 1995 ASSA Meeting, Washington, D. C., mimeo.

Beghin J, Dessus S, Roland-Holst D, et al., 1997. the trade and environment nexus in mexican agriculture: A general equilibrium analysis[J]. Agricultural Economics, 17(2-3): 115-131.

Bergman L, 1988. Energy policy modeling: A survey of general equilibrium approaches[J]. Journal of Policy Modeling, 10(3): 77-99.

Bergman L, 1990. Energy and environmental constraints on growth: A CGE-modeling approach[J]. Journal of Policy Modeling, 12(4): 671-691.

Bergman L, 1991. General equilibrium effect of environmental policy: A CGE modeling approach[J]. Environmental and Resource Economics, (1): 43-61.

Bessenyei István, 2005. Does market value maximization affect the order of resource exploitation? [J]. Economic Modelling, 22(6): 1090-1104.

Black D, Henderson V, 1999. A theory of urban growth[J]. Journal of political economy, 107(2): 252-284.

Blitzer C, Eckhaus R, Lahiri S, 1993. Growth and welfare losses from carbon emissions restrictions: A general equilibrium analysis of Egypt [J]. Energy Journal, 14(1): 57-81.

Bordley R F, 1982. The combination of forecasts: A bayesian approach [J]. Operational Resarch Society, 33(2): 171-174.

Bosetti V, Catenacci M, Fiorese G, et al., 2012. The future prospect of PV and CSP solar technologies: an expert elicitation survey [J]. Energy Policy, 49: 308-317.

Bovenberg A L, Smulders S A. 1996. Transitional impacts of environmental policy in an endogenous growth model[J]. International Economic Review, 11:861-893.

Boyd R, Uri N D, 1991. The cost of improving the quality of the environment [J]. Journal of Policy Modeling, 23(8): 1163-1182.

Brennan M, Schwartz E, 1978. Finite difference methods and jump processes arising in the Pricing of contingent claims: A synthesis [J]. Journal of Financial and Quantitative Ailalysis, 13(3): 461-474.

Brown M T, Ulgiati S, 2002. Energy evaluations and environmental loading of electricity production systems [J]. Journal of Cleaner production, 10(4): 321-334.

Bruvoll A, Larsen B M, 2004. Greenhouse gas emissions in Norway: Do carbon taxes work?[J]. Energy policy, 32(4): 493-505.

Buckman G, 2011. The effectiveness of renewable portfolio standard banding and carve-outs in supporting high-cost types of renewable electricity [J]. Energy Policy, 39(7): 4105-4114.

Burnham K P, Anderson D R, 2004. Multi-model inference: Understanding AIC and BIC in model selection [J]. Sociological Methods & Research, 33(2): 261-304.

Callan T, Lyons S, Scott S, et al., 2009. The distributional implications of a carbon tax in Ireland [J]. Energy Policy, 37(2): 407-412.

Cao H, Guo L T, Zhang L, 2019. Does oil price uncertainty affect renewable energy firms' investment? Evidence from listed firms in China[J]. Finance Research Letters, 33: 101-105.

Cao X, Zhang L P, 2017. The evolutionary game analysis on green technological innovation of enterprises under the environmental regulations——based on the view of stakeholder[J]. Systems Engineering, 35(2): 103-108.

Chang K, Zeng Y, Wang W, et al., 2019. The effects of credit policy and financial constraints on tangible and research & development investment: firm-level evidence from China's renewable energy industry[J]. Energy Policy, 130: 438-447.

Conefrey T, Fitz Gerald J D, Valeri L M, et al., 2013. The impact of a carbon tax on economic growth and carbon dioxide emissions in Ireland[J]. Journal of Environmental Planning and Management, 56(7): 934-952.

Conrad K, Schroder M, 1993. Choosing environmental policy instruments using general equilibrium models [J]. Journal of Policy Modeling, 15(5-6): 521-543.

Copeland B R, Taylor M S, 1994. North-South trade and the environment [J]. Quarterly Journal of Economics, 109(3): 755-787.

Copeland B R, Taylor M S, 2004. Trade, growth, and the environment[J]. Journal of Economic literature, 42(1): 70-71.

Creedy J, Sleeman C, 2006. Carbon taxation, prices and welfare in New Zealand[J]. Ecological Economics, 57(3): 333-345.

Croonenbroeck C, Hüttel S, 2017. Quantifying the economic efficiency impact of inaccurate renewable energy price forecasts[J]. Energy, 134: 767-774.

Deacon R T, 1994. Deforestation and the rule of law in a cross-section of countries[J]. Land economics, 35:414-430.

DeChant C M, Moradkhani H, 2014. Toward a reliable prediction of seasonal forecast uncertainty: Addressing model and initial condition uncertainty with ensemble data assimilation and sequential bayesian combination [J]. Journal of Hydrology, 519: 2967-2977.

DiCosmo V, Hyland M, 2013. Carbon tax scenarios and their effects on the Irish energy sector [J]. Energy Policy, 59: 404-414.

Ding W, Wang L, Chen B, et al., 2014. Impacts of renewable energy on gender in rural communitiesof north-west China[J]. Renewable Energy, 69: 180-189.

Dong J, Feng T T, Sun H X, et al., 2016. Clean distributed generation in China: policy options and international experience[J]. Renewable & Sustainable Energy Reviews, 57(26): 753-764.

Duan H, Zhu L, Fan Y, 2014. Optimal carbon taxes in carbon-constrained China: A logistic-induced energy economic hybrid model [J]. Energy, 69: 345-356.

Dufournaud M C, Harrington J, Rogers P, 1988. Leontief's environmental repercussions and the economic structure revisited: A general equilibrium formulation [J]. Geographical Analysis, 20(4): 318-327.

Eddy-U M, 2015. Motivation for participation or non-participation in group tasks: A dynamic systems model of task-situated willingness to communicate [J]. System, 50: 43-55.

Egger H, Egger P, Greenaway D, 2007. Intra-industry trade with multinational firms [J]. European Economic Review, 51: 1959-1984.

Elkins P, Baker T, 2001. Carbon taxes and carbon emissions trading [J]. Journal of Economic Surveys, 15(3):325-376.

Fang G, Tian L, Fu M, et al., 2013. The impacts of carbon tax on energy intensity and economic growth——a dynamic evolution analysis on the case of China [J]. Applied Energy, 110: 17-28.

Favard P, 2002. Does productive capital affect the order of resource exploitation? [J]. Journal of Economic Dynamics & Control, 26(6): 911-918.

Fischer C, 2017. Environmental protection for sale: strategic green industrial policy and climate finance[J]. Environmental & Resource Economics, 66(3): 553-575.

Floros N, Vlachou A, 2005. Energy demand and energy-related CO_2 emissions in Greek manufacturing: assessing the impact of a carbon tax [J]. Energy Economics, 27(3): 387-413.

Forsund F R, Storm S, 1988. Environmental Economics and Management: Pollution and Natural Resources [M]. London: Croom Helm.

Friebe C A, Flotow P, Täube F A, 2014. Exploring technology diffusion in emerging markets——the role of public policy for wind energy [J]. Energy Policy, 70: 217-226.

Gastaldo S, Ragot L, 1996. Sustainable development through endogenous growth models [J]. Models of Sustainable Development, 73: 369-385.

Gelman A, Rubin D B, 1992. Inference from iterative simulation using multiple sequences[J]. Statistical Science: 457-472.

Gerlagh R, Lise W, 2005. Carbon taxes: A drop in the ocean, or a drop that erodes the stone? The effect of carbon taxes on technological change[J]. Ecological Economics, 54(2-3): 241-260.

Glomsrod S, Vennemo H, Johnsen T, 1992. Stabilization of emissions of CO_2: A computable general equilibrium assessment [J]. Scandinavian Journal of Economics, 94 (1): 53-69.

Gottlieb A B, Krueger J G, Khandke L, et al., 1991. Role of T cell activation in the pathogenesis of psoriasis[J]. Annals of the New York Academy of Science, 636(1): 377-379.

Gradus R, Smulders S, 1993. The trade-off between environmental care and long-term growth-Pollution in three prototype growth models[J]. Journal of Economics Zeitschrift für Nationalökonomie, 58(1): 25-51.

Grainger A, 1995. The forest transition: An alternative approach[J]. Area, 27(3): 242-251.

Grimaud A, Rouge L, 2003. Non-renewable resources and growth with vertical innovations: Optimal, equilibrium and economic policies [J]. Journal of Environmental Economics and Management, 45(2): 433-453.

Grossman G M, Krueger A B, 1991. Environmental impacts of a North American free trade agreement [R]. NBER Working Paper, NO. 3914.

Grossman G M, Krueger A B, 1995. Economic growth and the environment[J]. The quarterly journal of economics, 110(2): 353-377.

Gullberg A T, Ohlhorst D, Schreurs M, 2014. Towards a low carbon energy future-Renewable energy cooperation between Germany and Norway[J]. Renewable Energy, 68: 216-222.

Guo J, Zhou L L, Wei Y M, 2010. Impact of inter-sectoral trade on national and global CO_2 emissions: An empirical analysis of China and US [J]. Energy Policy, 38(3): 1389-1397.

Guo Z, Zhang X, Zheng Y, et al., 2014. Exploring the impacts of a carbon tax on the Chinese economy using a CGE model with a detailed disaggregation of energy sectors [J]. Energy Economics, 45: 455-462.

Hamilton K, 1994. Green adjustments to GDP[J]. Resources Policy, 20(3): 155-168.

Hamilton K, Cameron G, 1994. Simulating the distributional effects of a Canadiancarbon tax[J]. Canadian Public Policy, 20(4): 385-399.

Harrison P J, Stevens C F, 1976. Bayesian forecasting with discussion [J]. Journal of the Royal Statistical Society, 38: 205-247.

Hazilla M, Kopp R, 1990. Social cost of environmental quality regulations: A general equilibrium analysis [J]. Journal of Political Economy, 98(4): 53-73.

He L Y, Liu R, Zhong Z Q, et al., 2019. Can green financial development promote renewable energy investment efficiency: A consideration of bank credit[J]. Renewable Energy, 143: 974-984.

Henzela S R, Mayr J, 2013. The mechanics of VAR forecast pooling——A DSGE model based Monte Carlo study [J]. North American Journal of Economics and Finance, 24: 1-24.

Hertel T, Zhai F, 2006. Labor market distortions, rural-urban inequality and the opening of China's economy[J]. Economic Modelling, 23(1): 76-109.

Hieronymi P, Schüller D, 2015. The Clean-Development Mechanism, stochastic permit prices and energy investments [J]. Energy Economics, 47: 25-36.

Hwang J J, 2013. Sustainability study of hydrogen pathways for fuel cell vehicle applications [J]. Renewable and Sustainable Energy Reviews, 19: 220-229.

Iniyan S, Suganthi A, Samuel A, 2007. mathematical model for renewable energy planning in developing countries [J]. International Journal of Power and Energy Systems, 27: 109-118.

Jiang Z, Shao S, 2014. Distributional effects of a carbon tax on Chinese households: A case of Shanghai [J]. Energy Policy, 73: 269-277.

Johansen L, 1960. A Multi-Sectoral Study of Economic Growth [M]. Amsterdam: North-Holland.

Jorgenson D W, Wilcoxen P J, 1990. Intertemporal general equilibrium modeling of U. S. environmental regulation [J]. Journal of Policy Modeling, 12(4): 715-744.

Jorgenson D, Wilcoxen P, 1994. The economic effects of a carbon tax [Z]. Paper presented to the IPCC Workshop on Policy Instruments and their Implications, Tsukuba, Japan.

Kahn J R, Franceschi D, 2006. Beyond Kyoto: A tax-based system for the global reduction of greenhouse gas emissions[J]. Ecological Economics, 58(4): 778-787.

Kang J, Yuan J, Hu Z, et al., 2012. Review on wind power development and relevant policies in China during the 11th Five-Year-Planperiod[J]. Renewable & Sustainable Energy Reviews, 16(4): 1907-1915.

Karl M, 2006. Renewable Energy Policy And Politics [M]. The first edition, UK: Bath Press.

Karlstrøm H, Ryghaug M, 2014. Public attitudes towards renewable energy technologies in Norway. The role of party preferences [J]. Energy Policy, 67: 656-663.

Kass R E, Wasserman L, 1995. A reference Bayesian test for nested hypotheses with large samples [J]. Journal of the American Statistical Association, 90(431): 928-934.

Kocak E, Sarkgüneşi A, 2017. The renewable energy and economic growth nexus in Black Sea and Balkan countries[J]. Energy Policy, 100: 51-57.

Leamer E E, 1978. Specification Searches [M]. New York: Wiley.

Lean H H, Smyth R, 2013. Are fluctuations in US production of renewable energy permanent or transitory? [J]. Applied Energy, 101: 483-488.

Lee C F, Sue J, Lin S J, 2008. Analysis of the impacts of combining carbon taxation and emission trading on different industry sectors [J]. Energy Policy, 36(2): 722-729.

Lee H, Roland-Holst D, 1993. International trade and the transfer of environmental costs and benefits[J]. Oced Development Centre Working Papers, 18(30): 3241-3244.

Lewis J I, 2014. Managing intellectual property rights in cross-border clean energy collaboration: the case of the U. S. -China Clean Energy Research Center [J]. Energy policy, 69: 546-554.

Lewis J, 1993. Energy pricing, economic distortion, and air pollution in Indonesia [Z]. Development Discussion Paper NO. 455, Harvard Institute for International Development, Cambridge: Harvard University.

Li J, Chen W, 2014. Forecasting macroeconomic time series: LASSO-based approaches and their forecast combinations with dynamic factor models [J]. International Journal of Forecasting, 30(4): 996-1015.

Lieberthal K, Sandalow D, 2009. Overcoming obstacles to U.S.-China cooperation on climatechange[EB/OL]. http: //www. brookings. edu/research/reports/2009/01/climate-change-lieberthal-sandalow.

Lin B, Li X, 2011. The effect of carbon tax on per capita CO_2 emissions [J]. Energy Policy, 39(9): 5137-5146.

Liu J L, Goldstein D, 2013. Understanding China's renewable energy technology exports [J]. Energy Policy, 52: 417-428.

Liu J. 2019. China's renewable energy law and policy: a critical review[J]. Renewable and Sustainable Energy Reviews, 99: 212-219.

Liu X, Zeng M, 2017. Renewable energy investment risk evaluation model based on system dynamics[J]. Renewable and Sustainable Energy Reviews, 73: 782-788.

Liu Y, Lu Y, 2015. The Economic impact of different carbon tax revenue recycling schemes in China: A model-based scenario analysis [J]. Applied Energy, 141: 96-105.

Liu Y, Sun K, Liu Y, 2015. A measurement-based power system model for dynamic response estimation and instability warning [J]. Electric Power Systems Research, 124: 1-9.

Liu, W, Zhang, X, Feng, S, 2019. Does renewable energy policy work? Evidence from a panel data analysis[J]. Renewable Energy, 135:635-642.

Lopez R, 1994. The environment as a factor of production:The effects of economic growth and trade liberalization[J]. Journal of Environmental Economics and Management, 27(2):163-184.

Lu C, Zhang X, He J, 2010. A CGE analysis to study the impacts of energy investment on economic growth and carbon dioxide emission: A case of Shaanxi Province in western China[J]. Energy, 35(11): 4319-4327.

Mahmood A, Marpaung C O P, 2014. Carbon pricing and energy efficiency improvement——why to miss the interaction for developing economies? An illustrative CGE based application to the Pakistan case[J]. Energy Policy, 67: 87-103.

Mayeres I, Regemorter DV, 2008. Modeling the health related benefits of environmental policies and their feedback effects: A CGE analysis for the EU countries with GEM-E3 [J]. The Energy Journal, 29(1): 135-150.

Meadows D H, Meadows D L, Randers J, et al., 1972. The Limits to Growth[M]. Potomic Associates Universe Books: 205.

Menz F C, Vachon S, 2006. The effectiveness of different policy regimes for promoting wind power: Experiences from the states [J]. Energy Policy, 34: 1786-1796.

Mori K, 2012. Modeling the impact of a carbon tax: A trial analysis for Washington State [J]. Energy Policy, 48: 627-639.

Nakata T, Lamont A, 2001. Analysis of the impacts of carbon taxes on energy systems in Japan[J]. Energy Policy, 29(2): 159-166.

Németh G, Szabó L, Ciscar J C, 2011. Estimation of Armington elasticities in a CGE economy-energy-environment model for Europe [J]. Economic Modelling, 28(4): 1993-1999.

Nestor D V, Pasurka C A, 1995a. CGE model of pollution abatement processes for assessing the economic effects of environmental policy[J]. Economic Modelling, 12 (1): 53-59.

Nestor D V, Pasurka C A, 1995b. Environment-economic accounting and indicators of the economic importance of environmental protection activities[J]. Review of Income and Wealth, 41(3): 265-287.

Nicolli F, Vona F, 2019. Energy market liberalization and renewable energy policies in OECD countries[J]. Energy Policy, 128: 853-867.

Norman G, 1996. Evaluating the impacts of human capital stocks and accumulation on economic growth [J]. Bulletin of Economics and Statistics, 58(1): 9-28.

Öğünc F, Akdoğan K, Baser S, et al., 2013. Short-term inflation forecasting models for Turkey and a forecast combination analysis [J]. Economic Modelling, 33: 312-325.

Oladosu G, Rose A, 2007. Income distribution impacts of climate change mitigation policy in the Susquehanna River Basin Economy[J]. Energy economics, 29(3): 520-544.

Ozorhon B, Batmaz A, Caglayan S, 2018. Generating a framework to facilitate decision making in renewable energy investments[J]. Renewable and Sustainable Energy Reviews, 95: 217-226.

Panayotou T, 1993. Empirical tests and policy analysis of environmental degradation at different stages of economic development[J]. Pacific and Asian Journal of Energy, 4(1).

Pasche M, 2002. Technical progress, structural change, and the environmental Kuznets curve[J]. Ecological Economics, 42(3): 381-389.

Paul K, 2004. Renewable Energy Policy[M]. New York: Diebold Institute for Public Policy Studies.

Paul M R, 1986. Increasing returns and long-run Growth[J]. Journal of Political Economy, 94(5): 1002-1037.

Pearson M, Smith S, 1991. The European Carbon Tax: An assessment of the European Commission's Proposals[M]. IFS Report.

Piggott J, Whalley J, Wigle R, 1992. International linkages and carbon reduction initiatives[J]. The Greening of World Trade Issues, 32: 115-129.

Qi S I, Li Y, 2017. Does renewable energy consumption affect economic growth? Empirical evidence from European Union[J]. World Economy Studies, 4: 106-119.

Raftery A E, Gneiting T, Balabdaoui F, et al., 2005. Using bayesian model averaging to calibrate forecast ensembles [J]. Monthly Weather Review, 133(5): 1155-1174.

Ragosa G, Warren P, 2019. Unpacking the determinants of cross-border private investment in renewable energy in developing countries[J]. Journal of Cleaner Production, 235: 854-865.

Rasche R H, Tatom J A, 1997. The effects of the new energy regime on economic capacity, production [J]. Federal Reserve Bank of St. Louis Review, 5: 2-12.

Ritzberger K, Weibull J W, 1996. Evolutionary Selection in Normal FormGames[J]. Econometrica, 63(6): 1371-1399.

Rob D, Marjan H, Ekko V I, 2004. Dynamic modeling of pollution abatement in a CGE framework [J]. Economic Modeling, 21(6): 965-989.

Robinson S, 1990. Pollution, market failure, and optimal policy in an economy-wide framework [R]. NO. 1577-2016-132695.

Robinson S, 1991. Macroeconomics, financial variable, and computable general equilibrium models [J].World development, 19(11): 1509-1525.

Robinson S, Karen T, 1999. Trade liberalization and regional integration: the search for large numbers [J]. Australian Journal of Agricultural & Resource Economics, 46(4): 585-604.

Robinson S, Subramanian S, Geoghegan J, 1994. Modeling air pollution abatement in a market based incentive framework for the los angeles basin [J]. Economic instruments for air pollution control, 9(1): 46-72.

Romer P M, 1986. Increasing returns and long-run growth[J]. Journal of political economy, 94(5):1002-1037.

Schumacher K, Ronald D, 2007. Where are the industrial technologiesin energy-economy models? An innovative CGE approach for steel production in Germany [J]. Energy Economics, 29(4): 799-825.

Schuman S, Lin A, 2012. China's Renewable Energy Law and its impact on renewable power in China: Progress, challenges and recommendations for improving implementation [J]. Energy Policy, 51: 89-109.

Scrimgeour F, Oxley L, Fatai K, 2005. Reducing carbon emissions? The relative effectiveness of different types of environmental tax: the case of New Zealand[J]. Environmental Modelling & Software, 20(11): 1439-1448.

Seres S, Thomassin P J, 2002. The power generation sector's demand for fossil fuels: a quantitative assessment on the viability of carbon fees for the reduction of greenhouse gas emissions[J]. International Journal of Environment and Sustainable Development, 1(3): 283-302.

Shimbar A, Babak S B, 2020. Ebrahimi Political risk and valuation of renewable energy investments in developing countries[J]. Renewable Energy, 145: 1325-1333.

Sim J, Kim C, 2019. The value of renewable energy research and development investments with default consideration[J]. Renewable Energy, 143: 530-539.

Speck S, 1999. Energy and carbon taxes and their distributional implications [J]. Energy Policy, 27(11): 659-667.

Stephan G, Nieuwkoop R V, Wiedmer T, 1992. Social incidence and economic costs of carbon limits [J]. Environmental and Resource Economics, 2(6): 569-591.

Stern N, 2007. Stern Review: The economics of climate change[J]. Nature, 378(6556): 433-437.

Stiglitz J E, 1974. Incentives and risk sharing in sharecropping[J]. The Review of Economic Studies, 41 (2): 219-255.

Stokey N L, 1998. Are there limits to growth?[J]. International economic review, 39 (1): 1-31.

Sun P, Nie P Y, 2015. A comparative study of feed-in tariff and renewable portfolio standard policy in renewable energy industry[J]. Renewable Energy, 74: 255-262.

Symons E, Speck S, Proops J, 2000. The effect of pollution and energy taxes across the european income distribution[J].Keele University Working ,5:324-334.

Tamás M M, Shrestha S O B, Zhou H, 2010. Feed-in tariff and tradable green certificate in oligopoly[J]. Energy Policy, 38 (8): 4040-4047.

Tan X, 2013. China's overseas investment in the energy/resources sector: Its scale, drivers, challenges and implications [J]. Energy Economics, 36: 750-758.

Thampapillai D J, Hanf C H, Thangavelu S, et al., 2003. The environmental Kuznets curve effect and the scarcity of natural resources: A simple case study of Australia[J]. Invited Paper presented to Australian Agricultural Resource Economics Society, (Australian Capital Territory Branch), Canberra, 24.

Uzawa H, 1965. Optimum technical change in an aggregative model of economic growth[J]. International Economic Review, 6 (1): 18-31.

Valente S, 2005. Sustainable development, renewable resources and technological progress [J]. Environmental and Resource Economics, 30: 115-125.

Van Oijen M, Reyer C, Bohn F J, et al., 2013., Bayesian calibration, comparison and averaging of six forest models, using data from Scots pine stands across Europe[J]. Forest Ecology and Management, 289: 255-268.

Wang F, Jinxiang L, Chen J, et al., 2017 Population density, energy consumption and the development of green economy-Empirical analysis based on Provincial Panel Data[J]. Journal of Arid Land Resources & Environment, 1: 6-12.

Wier M, Birr-Pedersen K, Jacobsen H K, et al., 2005. Are CO_2 taxes regressive? Evidence from the Danish experience[J]. Ecological economics, 52 (2): 239-251.

Wissema W, Dellink R, 2007. AGE analysis of the impact of a carbon energy tax on the Irish economy[J]. Ecological Economics, 61 (4): 671-683.

Wright J H, 2008. Bayesian Model Averaging and exchange rate forecasts [J]. Journal of Econometrics, 146 (2): 329-341.

Wustenhagen R, Menichetti E, 2012. Strategic choices for renewable energy investment: Conceptual framework and opportunities for further research [J]. Energy Policy, 40: 1-10.

Xie J, 1996. Environmental Policy Analysis: A General Equilibrium Approach[M]. Avebury.

Xie J, Saltzman S, 2000. Environmental policy analysis: an environmental computable general-equilibrium approach for developing countries [J]. Journal of Policy Modeling, 22 (4): 453-489.

Xiong M, Yang X, Chen S, et al., 2019. Environmental stress testing for China's overseas coal power investment project[J]. Sustainability, 11 (19): 5506.

Yang H Y, 2001. Trade liberalization and pollution: A general equilibrium analysis of carbon dioxide emissions in Taiwan[J]. Economic Modelling, 18 (3): 435-454.

Yang M, Fan Y, Yang F, et al., 2014. Regional disparities in carbon dioxide reduction from China's uniform carbon tax: A perspective on interfactor/interfuel substitution [J]. Energy, 74: 131-139.

Yang X, He L Y, Xia Y, et al., 2019. Effect of government subsidies on renewable energy investments: The threshold effect[J].
    Energy Policy, 132: 156-166.

Yin H, Powers N, 2010. Do state renewable portfolio standards promote in-state renewable generation [J]. Energy Policy, 38(2):
    1140-1149.

Yoshida Y S, 2013. Intra-industry trade, fragmentation and export margins: an empirical examination of sub-regional international
    trade [J]. North American Journal of Economics and Finance, 24: 125-138.

Yu F, Xu X, 2014. A short-term load forecasting model of natural gas based on optimized genetic algorithm and improved BP neural
    network [J]. Applied Energy, 134: 102-113.

Yuan J H, Xua H, Zhang X P, et al., 2014. China's 2020 clean energy target: Consistency, pathways and policy implications [J].
    Energy Policy, 65: 692-700.

Zafar M W, Shahbaz M, Hou F, et al., 2019. From nonrenewable to renewable energy and its impact on economic growth: The role of
    research & development expenditures in Asia-Pacific Economic Cooperation countries[J]. Journal of Cleaner Production, 212:
    1166-1178.

Zhang F, Hertel T, 2005. Impacts of the Doha Development Agenda on China : The role of labor markets and complementary
    education reforms[R]. World Bank Policy Researn Working Paper Series, 3702: 32-35.

Zhang X, Wu L, Zhang R, et al., 2013. Evaluating the relationships among economic growth, energy consumption, air emissions and
    air environmental protection investment in China [J]. Renewable and Sustainable Energy Reviews, 18: 259-270.

Zhang Y, Gao X, Katayama S, 2015. Weld appearance prediction with BP neural network improved by genetic algorithm during disk
    laser welding[J]. Journal of Manufacturing Systems, 34: 53-59.

Zhang Z X, Baranzini A, 2004. What do we know about carbon taxes? An inquiry into their impacts on competitiveness and
    distribution of income[J]. Energy policy, 32(4): 507-518.

Zhou E, Cole W, Frew B, 2018. Valuing variable renewable energy for peak demand requirements[J]. Energy, 165: 499-511.